해들리 위컴의 R 패키지
R Packages

R Packages
by Hadley Wickham

해들리 위컴의 R 패키지
R Packages

초판 1쇄 발행 2019년 5월 30일

지은이 해들리 위컴
옮긴이 정우준
펴낸이 장성두
펴낸곳 제이펍

출판신고 2009년 11월 10일 제406-2009-000087호
주소 경기도 파주시 회동길 159 3층 3-B호
전화 070-8201-9010 / **팩스** 02-6280-0405
홈페이지 www.jpub.kr / **원고투고** jeipub@gmail.com
독자문의 readers.jpub@gmail.com / **교재문의** jeipubmarketer@gmail.com

편집부 이종무, 황혜나, 최병찬, 이 슬, 이주원 / **소통·기획팀** 민지환, 송찬수 / **회계팀** 김유미
교정·교열 장성두 / **내지디자인** 최병찬
용지 에스에이치페이퍼 / **인쇄** 한승인쇄 / **제본** 광우제책사

ISBN 979-11-88621-61-3 (93000)
값 20,000원

제이펍은 독자 여러분의 아이디어와 원고 투고를 기다리고 있습니다. 책으로 펴내고자 하는 아이디어나 원고가 있는 분께서는
책에 대한 간단한 개요와 차례, 구성과 저(역)자 약력 등을 메일로 보내주세요.　　　　　(보내실 곳: *jeipub@gmail.com*)

해들리 위컴의 R 패키지

R Packages

해들리 위컴 **지음** / 정우준 **옮김**

O'REILLY® Jpub 제이펍

차례

R 사용자 대부분이 소프트웨어 개발 방법론과 소프트웨어 공학적인 지식보다는 결과에 초점을 맞추는 경향(역자도 마찬가지)이 있다. 그래서인지 재사용 가능한 결과물과 이를 위한 안정적이고 생산적인 접근이나 기여에는 자신의 시간을 많이 할애하지 못하고 있는 것으로 보인다. 즉, 이 책을 번역하기에 앞서 '과연 패키지 개발 방법에 관한 책은 누구에게 왜 필요하며, 이 책의 내용은 사용자에게 유용한가?'라는 질문에 스스로 답을 찾아야 했으며, 몇 가지 정리하면 다음과 같다.

- 패키지 개발에 따라 자신의 프로그래밍 실력을 높일 수 있고, 다른 패키지를 효과적으로 사용하는 데에도 도움이 된다.
- 패키지 저자로서의 경력을 가질 수 있으며, 이를 통해 보다 의미 있고 중요한 프로젝트에 참여할 수 있다.
- 개발한 패키지를 공개함으로써 전 세계에 걸친 패키지 저자 네트워크에 참여하거나 자신의 패키지를 사용하는 사용자들과 의사소통을 할 수 있다.
- 소프트웨어 개발에 대한 지식과 이를 통한 생산적인 결과물을 얻을 수 있다.

자유/오픈 소스 소프트웨어의 성장은 사용자의 기여와 함께한다. 따라서 R 생태계에서 패키지 개발은 매우 중요한 작업이다. 이 책은 역자가 알고 있는 R 패키지 개발에 관한 유일한 책으로, 위와 같은 필요를 충족시키는 데 매우 유용하다. 특히, 이 책은 다음과 같은 특징이 있다.

- 패키지 개발에 대해 기본적인 내용을 충실히 다루고 있다.
- 효율적으로 패키지 개발을 할 수 있는 새로운 개발 방법과 과정을 소개하고 있다.
- Git/GitHub 그리고 자동화된 검사 등 개발 절차와 결과물의 질을 높일 수 있는 도구를 소개하고 있다.

원서는 온라인 버전(http://r-pkgs.had.co.nz)과 종이책 버전 두 가지 형태로 제공되고 있으며, 온라인 버전에 가장 최신의 변경 사항이 반영되어 있다. 그러나 역자는 종이책과 온라인 버전 두 가지를 모두 참고하여 가급적 최신의 버전을 정리된 상태로 제공할 수 있도록 노력하였고, 온라인 버전이 빈번히 업데이트되는 것은 아니어서 이 번역서만으로도 패키지 개발에 대해 오류 없이 공부할 수 있을 것이다.

이 책이 패키지 개발의 필요를 충족시키는 데 도움이 되고 그보다 많은 긍정적 영향을 경험하는 데 보탬이 되길 바란다.

마지막으로, 이 책을 번역하는 데 감사할 분들이 많이 있다. 많은 인내심으로 긴 시간을 기다려 준 제이펍의 장성두 대표님과 이름을 다 알지 못하는 제이펍의 식구들께 감사의 말씀을 드린다. 그리고 이 책을 기다려준 많은 지인에게도 큰 감사를 드린다. 끝으로, 부모님과 다른 가족들, 그리고 신혼임에도 불구하고 이 작업 때문에 많은 시간을 함께 보내지 못했음에도 항상 응원해 주는 사랑하는 아내 이주연에게 진심을 담아 고마움을 전한다.

2019년 5월 행당동에서

정우준

이 책의 주요 내용

독자들은 이 책을 통해 R 패키지의 사용자에서 생산자가 되는 데 적잖은 도움을 받을 수 있을 것이다. **1장 '서론'**에서는 이러한 기술을 익히는 것이 매우 중요하고 생각보다 어렵지 않은 이유를 알 수 있을 것이다. **2장 '패키지 구조'**에서는 패키지의 기본 구조와 패키지가 취할 수 있는 형태에 대해 배울 수 있을 것이다.

3장 'R 코드'

가장 중요한 디렉터리는 R/인데, 이 경로에는 R 코드들이 담긴다. 이 경로만 있는 패키지도 여전히 패키지로서 유용하다(그리고 사실 이 3장만 읽고 책의 나머지 부분을 읽지 않더라도 몇 가지 유용한 기법을 습득할 수 있다).

4장 '패키지 메타데이터'

DESCRIPTION에는 패키지가 제대로 작동하는 데 필요한 사항들을 설명해 놓는다. 자신의 패키지를 공유한다면 패키지가 무슨 역할을 하는지 설명하고, 사용 권한(라이선스)에 관한 사항과 잘못된 것이 있을 때 연락할 수 있는 방법을 설명하기 위해서 이 **DESCRIPTION**을 사용할 수도 있다.

5장 '객체 문서화'

(이후에 자신을 위해서라도) 사용자들이 패키지 내의 함수를 사용하는 방법을 알 수 있도록 설명하는 문서를 작성해야 한다. 자신의 함수를 문서화하기 위해서 roxygen2 사용 방법을 보여줄 것이다. roxygen2는 R의 표준 문서 형식을 따라 코드와 문서를 함께 작성할 수 있어서 권장된다.

6장 '비네트: 길이가 긴 문서'

함수 문서화는 패키지 내의 모든 함수에 대한 사소한 세부 내용을 기술한다. 비네트는 전반적인 정보를 제공한다. 비네트는 실제 문제를 해결하기 위해서 패키지의 여러 부분을 어떻게 결합할 수 있는지를 보여주는 장문의 문서이다. Rmarkdown과 knitr로 가장 편한 방법으로 비네트 생성 방법을 보여줄 것이다.

7장 '테스트하기'

자신의 패키지가 정확하게 설계된 대로 작동하도록 하기 위해서는 올바른 행동을 정의하고 함수가 제대로 작동하지 않을 때 경고하는 단위 테스트 작성이 필수적이다. 이 장에서는 이미 수행하고 있는 비형식적 대화식 테스트를 자동화된 형식 테스트로 변환하기 위해 testthat 패키지를 사용하는 방법을 보일 것이다.

8장 '네임스페이스'

다른 사람들이 사용하기 좋도록 다른 패키지에서 사용할 수 있는 함수와 다른 패키지에서 필요로 하는 함수를 정의해야 한다. NAMESPACE 파일로 이런 작업을 할 수 있으며, 이 NAMESPACE 파일을 생성하기 위해 roxygen2 사용 방법을 보여줄 것이다. NAMESPACE는 R 패키지를 개발하는 데 있어 다소 어려운 부분 중 하나이지만, 자신이 개발한 패키지가 신뢰성 있게 작동하길 바란다면 반드시 숙달해야 한다.

9장 '외부 데이터'

data/ 디렉터리에는 자신의 패키지에 데이터를 넣을 수 있다. R 사용자가 접근하기 쉽도록 번들 데이터를 포함할 수도 있고, 아니면 문서에서 사례 데이터로만 제공할 수도 있다.

10장 '컴파일된 코드'

R 코드는 컴퓨터 효율적이 아니라 사람이 사용하는 데 효율적으로 설계되었으므로, 속도가 빠른 코드를 작성하는 데 도움이 되는 도구를 갖추는 것이 유용하다. src/ 디렉터리에는 자신의 패키지에서 성능 병목을 해결하기 위해 속도가 빠른 컴파일된 C/C++ 코드를 포함할 수 있다.

11장 '설치된 파일'

임의의 추가 파일을 inst/ 디렉터리에 포함할 수 있다. 이 디렉터리는 흔히 자신의 패키지를 참조하는 방법이나 저작권 또는 라이선스에 관한 세부사항을 제공하는 데 사용된다.

12장 '다른 구성요소'

이 장은 demo/, exec/, po/, 그리고 tools/와 같이 거의 사용되지 않는 구성요소에 관해 설명한다.

마지막 세 개의 장은 하나의 디렉터리에 특화되지 않은 일반적인 최선의 사례를 설명한다.

13장 'Git과 GitHub'

다른 사람들과의 협업을 위해서 형상 관리 시스템을 익히는 것은 중요하며, 실수를 만회하기 쉽기 때문에 혼자 작업할 때에도 중요하다. 이 장에서는 RStudio를 Git/GitHub와 함께 사용하는 방법을 익힐 수 있을 것이다.

14장 '자동화된 검사'

R은 R CMD check라는 유용한 자동화된 품질 검사 기능을 갖고 있다. 이 기능을 규칙적으로 실행하면 자주 범하는 일반적인 실수를 피할 수 있다. 결과가 가끔 이해하기 어려운 형태일 수 있어서 이 책에서는 그런 경고를 이해하는 데 도움이 되는 포괄적인 치트 시트를 제공하고 있다.

15장 '패키지 릴리스'

일반에게 패키지를 릴리스하는 것으로 패키지 수명 주기가 완결된다. 이 장은 주요한 두 가지 선택 대안(CRAN과 GitHub)을 비교하고 릴리스 과정 관리에 관한 일반적인 조언을 제공한다.

공부해야 할 것이 많지만, 부담 갖지 않아도 된다. 가장 작은 유용한 기능(예를 들어, 단지 R/ 디렉터리 작업)에서 시작하여 시간이 지남에 따라 조금씩 추가하면 된다. 미국의 승려인 스즈키 순류(Shunryū Suzuki)의 말을 인용하면 "각 패키지는 그 자체로 완벽하고, 점진적으로 개선된다."

이 책의 표기 규칙

이 책은 다음과 같은 표기 규칙을 따른다.

고딕체(Gothic)

새로운 용어, URL, 이메일 주소, 파일명, 그리고 파일 확장자를 나타낸다.

고정폭 서체(Constant width)

프로그램 목록과 변수 또는 함수 이름, 데이터베이스, 데이터 유형, 환경 변수, 구문, 그리고 키워드 같은 프로그램 요소를 참조하기 위해 문단 안에서 사용된다.

고정폭 볼드체(Constant width bold)

명령문이나 사용자가 그대로 입력해야 하는 다른 텍스트를 나타낸다.

이탤릭 고정폭 서체(Constant width italic)

사용자 제공 값이나 맥락에 따라 결정되는 값으로 대체되어야 하는 텍스트를 표시한다.

 팁이나 제안을 표시한다.

 일반적인 참고를 표시한다.

 경고나 주의를 표시한다.

코드 예제 활용법

자료(예제 코드, 연습문제 등)는 http://r-pkgs.had.co.nz/에서 다운로드할 수 있다.

이 책은 실용적이다. 일반적으로 이 책에서 제공하는 예제 코드는 여러분의 프로그램과 문서에서 사용할 수 있다. 상당한 분량의 코드를 상업용으로 재생산하는 경우가 아니라면 사용 허가를 받기 위해 별도로 연락할 필요는 없다. 예를 들어, 이 책의 여러 코드를 사용하는 프로그램을 작성하는 것은 별도의 허가를 받지 않아도 된다. O'Reilly에서 발매한 예제가 수록된 CD-ROM을 판매하거나 릴리스하려면 사전 승인을 받아야 한다. 이 책의 질문에 답하거나 예제 코드를 인용하는 것은 허가받지 않아도 된다. 이 책에서 예제 코드의 상당 분량을 여러분의 상용 제품 문서에 포함하는 것은 승인이 필요하다.

필수 사항은 아니지만, 출처를 밝힌다면 감사하겠다. 출처를 밝힐 때는 일반적으로 제목, 저자, 출판사, ISBN을 포함한다. 예를 들면 다음과 같다. 《R Packages》(by Hadley Wickham, O'Reilly, 978-1-491-91059-7)

만약 코드 예제를 공정한 사용 범위 또는 위에서 언급한 허가 범위를 넘어서 사용한다고 느껴진다면 언제든지 permissions@oreilly.com으로 연락하면 된다.

감사의 인사

이 책에서 사용된 도구들은 많은 오픈 소스 기여자가 없었으면 사용할 수 없었을 것이다. devtools의 공동 저자인 Winston Chang은 devtools가 대다수의 패키지에 대한 코드를 신속하게 재로드할 수 있도록 고통스러운 S4와 컴파일된 코드의 문제를 디버깅하는 데 많은 시간을 할애했다. Kirill Müller는 devtools, testthat 및 roxygen2를 포함한 많은 패키지 개발 패키지에 훌륭한 패치를 제공했다. Kevin Ushey, JJ Allaire 및 Dirk Eddelbuettel은 필자의 기초적인 C, C++, 그리고 Rcpp에 대한 질문에 지치지 않고 모두 답해 주었다. Peter Danenburg와 Manuel Eugster는 Google Summer of Code 동안 roxygen2의 첫 번째 버전을 작성했다. Craig Citro는 travis가 R 패키지에 작동할 수 있도록 하는 많은 양의 코드를 작성했다.

올바른 방법으로 작업하는 방법을 배울 수 있는 유일한 방법은 먼저 잘못된 방법으로 해보는 것이다. 많은 패키지 개발 에러로 고통받은 모든 CRAN 관리자, 특히 Brian Ripley, Uwe Ligges, 그리고 Kurt Hornik에게 감사를 표한다.

이 책은 공개된 형태로 작성되었으며, 진정한 커뮤니티 구성원 모두의 노력 끝에 만들어졌다. 즉, 많은 사람이 초안을 읽고, 오타를 수정하고, 개선안을 제안하고, 콘텐츠를 제공했다. 그런 기여자가 없었다면 이 책은 그다지 좋지 않았을 것이다. 그들의 도움에 깊은 감사를 전한다. 이 책을 처음부터 끝까지 읽고 많은 수정 사항을 제공한 Peter Li에게 특별한 감사의 말을 전한다. 또한, 이 책을 읽고 필자에게 철저한 피드백을 보내는 데 많은 시간을 보낸 감수자들(Duncan Murdoch, Karthik Ram, Vitalie Spinu, Ramnath Vaidyanathan)에게 깊이 감사한다.

GitHub를 통해 개선 사항을 제공해 준 모든 기여자에게 감사의 뜻을 전한다. @aaronwolen, @adessy, Adrien Todeschini, Andrea Cantieni, Andy Visser, @apomatix, Ben Bond-Lamberty, Ben Marwick, Brett K, Brett Klamer, @contravariant, Craig Citro, David Robinson, David Smith, @davidkane9, Dean Attali, Eduardo Ariño de la Rubia, Federico Marini, Gerhard Nachtmann, Gerrit-Jan Schutten, Hadley Wickham, Henrik Bengtsson, @heogden, Ian Gow, @jacobbien, Jennifer (Jenny) Bryan, Jim Hester, @jmarshallnz, Jo-Anne Tan, Joanna Zhao, Joe Cainey, John Blischak, @jowalski, Justin Alford, Karl Broman,

Karthik Ram, Kevin Ushey, Kun Ren, @kwenzig, @kylelundstedt, @lancelote, Lech Madeyski, @lindbrook, @maiermarco, Manuel Reif, Michael Buckley, @MikeLeonard, Nick Carchedi, Oliver Keyes, Patrick Kimes, Paul Blischak, Peter Meissner, @PeterDee, Po Su, R. Mark Sharp, Richard M. Smith, @rmar073, @rmsharp, Robert Krzyzanowski, @ryanatanner, Sascha Holzhauer, @scharne, Sean Wilkinson, @SimonPBiggs, Stefan Widgren, Stephen Frank, Stephen Rushe, Tony Breyal, Tony Fischetti, @urmils, Vlad Petyuk, Winston Chang, @winterschlaefer, @wrathematics, @zhaoy.

베타리더 후기

강찬석(LG전자)

그동안의 R 관련 서적들이 데이터를 분석하고 처리하는 데 치중했다면, 이 책은 실제 R을 가지고 일할 때 필요할 디버깅 기법이나 패키지 생성/배포에 관하여 자세히 기술되어 있습니다. 직접 실행해 볼 수 있는 예제가 적은 편이어서 해당 내용을 처음 접하는 사람에게는 다소 어려울 수도 있겠지만, 일단 이해만 된다면 R로 뭐든지 할 수 있다는 자신감이 생길 것입니다. R로 실제 업무를 수행하는 입장에서 바라보면 정말 도움이 될 만한 내용이 많이 담겼다고 생각합니다.

고성덕(서울대학교)

패키지를 이용만 하는 입장에서 패키지 작성 가이드를 보는 것은 재미있는 일이었습니다. 그것도 해들리 위컴의 책에 대한 베타리딩은 아주 멋진 경험이었습니다. 코딩을 많이 하는 책이 아니어서 텍스트에 조금 더 집중하며 보았는데요, 구성이나 다른 모든 것은 좀 마음에 드는 편이지만 외래어 표기는 베타리딩 후 좀 더 정리하여 출간되었으면 좋겠습니다. 나중에 패키지를 쓰게 된다면 이 책의 내용을 상기하면서 더 좋은 패키지를 만들고 싶네요.

박기훈(한국생산성본부)

우선, 텍스트의 줄 간격이나 글자 간격이 잘 편집되었고, 중요 사항(명령문이나 핵심 포인트 등)은 고딕체로 작성되어 있어 가독성이 좋네요. 화면을 캡처한 그림들도 이해하는 데 도움이 되었으나 따라 하다 보니 진행 단계별 화면이나 전체를 도식화한 워크플로우가 있었더라면 하는 아쉬움이 들었지만, 번역서의 한계상 쉽지 않았을 것 같습니다.

최준성(연세대학교)

'패키지 이름은 왜 이럴까?' '패키지의 구조는 어떤 식인가?' '패키지는 기존 R 코드와 어떻게 다를까?' '사용자 함수 수준을 넘어서는 패키지화는 어떻게 해야 할까?' 등이 궁금하다면 바로 이 책을 보세요. 내용상 눈에 띄는 오류 등은 보이질 않았던 책이었습니다.

제이펍은 책에 대한 애정과 기술에 대한 열정이 뜨거운 베타리더들로 하여금
출간되는 모든 서적에 사전 검증을 시행하고 있습니다.

서론

R에서 공유할 수 있는 코드의 기본 단위는 패키지이다. 패키지는 코드, 데이터, 문서, 그리고 테스트를 묶음으로 하기 때문에 다른 사람들과 공유하기 쉽다. 2015년 1월 기준 6,000개가 넘는 패키지가 **포괄적 R 아카이브 네트워크**(Comprehensive R Archive Network, 또는 CRAN)에 공개되었다.[1] 이러한 엄청난 수의 패키지는 R이 성공한 이유 중 하나이다. 다른 누군가의 노력으로 만들어진 패키지를 다운로드하는 것만으로 자신이 겪고 있는 문제를 처리할 수 있는 혜택을 제공하는 것이다.

이 책을 읽는다면 이미 다음과 같은 패키지 사용법에 대해 알고 있을 것이다.

- install.packages("x")로 CRAN의 패키지를 설치한다.
- library(x)로 설치한 패키지를 로드한다.
- package?x와 help(package = "x")로 패키지에 대한 도움말을 얻는다.

이 책의 목표는 단지 다른 사람의 패키지를 사용하는 것이 아니라 자신만의 패키지를 개발하는 방법을 알려주는 것이다. 패키지를 작성해야 하는 이유는 무엇인가? 한 가지 이유는 다른 사람과 공유하기 위해서이다. 사람들은 이미 패키지 사용법을 알고 있기 때문에 자신의 코드를 하나의 패키지로 묶어서 제공하면 쉽게 사용할 수 있다. 자신의 코드가 패키지화되어 있다면 어떤 R 사용자도 쉽게 그것을 다운로드하여 설치하고 그 사용법을 배울 수 있다.

---

1 옮긴이 2018년 말 기준으로 13,500개가 넘는 패키지가 공개되었다.

자신의 코드를 공유하지 않더라도 패키지는 유용하다. 힐러리 파커(Hilary Parker)는 '패키지 작성해 보기(Writing an R package from scratch, https://bit.ly/1T1YtEp)'라는 글에서 "엄밀하게 말하면 (비록 그것이 부가적인 가치를 지니지만) 반드시 코드를 공유할 필요는 없습니다. 패키지화하는 것은 자신의 시간을 절약하기 위한 것입니다."라고 하였다. 패키지에는 규칙이 있으므로 코드를 패키지화하는 것은 쉽고 편하다. 예를 들어, R 코드는 **R/**에 넣고, 테스트는 **test/**, 그리고 데이터는 **data/**에 넣는다. 이러한 규칙은 다음과 같은 이유 때문에 도움이 된다.

시간을 절약한다

프로젝트를 구성하는 최선의 방법을 생각하는 대신에 단지 템플릿에 따른다.

표준화된 규칙은 표준화된 도구를 이끈다

R 패키지 규칙을 따르면 이에 따르는 많은 도구를 활용할 수 있다.

로버트 M. 플라이트(Robert M. Flight)가 일련의 블로그 포스트(https://bit.ly/2rXSn1v)에서 얘기한 것처럼 패키지로 데이터 분석을 구성하는 것도 가능하다.

철학

이 책은 자동화할 수 있는 것은 자동화해야 한다는 패키지 개발에 대한 필자의 철학을 담고 있다. 손으로 하는 작업은 가급적 줄이고 함수로 대체하라. 목표는 패키지 구조에 대한 세세한 사항에 대해 고심하는 것이 아니라 패키지에 필요한 기능이 무엇인지 생각하는 데 더 많은 시간을 할애하는 것이다.

이러한 철학은 공통적인 개발 작업을 자동화하기 위해 필자가 직접 작성한 함수 묶음인 devtools 패키지에 실현되어 있다. devtools 패키지의 목표는 최소한의 수고로 패키지 개발을 가능하게 하는 것이다. devtools 패키지는 필자의 경험을 토대로 패키지 개발에 관련된 모든 최선의 사례를 캡슐화한 것이다. 이 devtools 패키지는 패키지 개발에 관한 수많은 잠재적 실수를 예방해 주기에 관심 문제에 더 집중할 수 있도록 해준다.

devtools 패키지는 대부분의 R 사용자에게 최고의 개발 환경이라고 할 수 있는 RStudio에 최적화되어 있다. 유일한 대안은 'Emacs Speaks Statistics(ESS)(http://ess.r-project.org)'인데, Emacs를 공부하고 필요에 따라 이를 개인화하는 데 시간을 투자할 수 있다면 그 노력을 보상받을 만큼 유용하다. ESS는 20년 이상의 역사를 가지고 있지만(R보다 오래되었다!) 여전히 활발하게 개발되고 있으며, 이 책에서 설명된 많은 워크플로도 활용할 수 있다.

devtools와 RStudio를 함께 사용하면 패키지를 구축하는 방법에 관한 저수준[2]의 세부적인 내용을 알 필요가 없어진다. 더 많은 패키지를 개발하려면 그 세부 사항에 대해 더 공부해야 한다. 패키지 개발의 세부 사항에 대한 가장 좋은 참고자료는 언제나 그렇듯이 〈R 확장 프로그램 작성하기(Writing R Extensions)〉(https://bit.ly/2sOG2tj)라는 매뉴얼이다. 그러나 이 매뉴얼은 패키지에 대한 기본 지식에 익숙하지 않으면 이해하기 어렵다. 가장 공통적이고 유용한 구성 요소들에 초점을 맞추고 있는 이 책과는 달리, 그 매뉴얼은 가능한 모든 패키지 구성요소에 대해 포괄적으로 다루고 있다. 〈R 확장 프로그램 작성하기〉 매뉴얼은 패키지의 기본 지식에 대해 학습하고 난 후 보다 자세한 내용을 알고 싶을 때 참고하기 좋은 자료이다.

시작하기

시작하기에 앞서, 가장 최신의 R 버전이 설치되어 있는지 확인하고 필요한 패키지를 설치하기 위해 다음의 코드를 실행하라.

```
install.packages(c("devtools", "roxygen2", "testthat", "knitr"))
```

최신 버전의 RStudio를 설치하였는지 확인하라. 다음의 코드를 실행하면 올바른 버전이 설치되어 있는지 확인할 수 있다.

```
install.packages("rstudioapi")
rstudioapi::isAvailable("0.99.149")
```

올바른 버전이 설치되어 있지 않다면 프리뷰(https://bit.ly/1TX6isU) 버전을 설치해야 할 수도 있다. 프리뷰 버전은 가장 최신의 뛰어난 기능들을 제공하지만, 버그가 있을 수도 있다.

---

2 [옮긴이] 여기에서 저수준(low-level)이라 함은 품질 등이 좋지 않다는 뜻이 아니라 계층적인 구조에서 낮은 위치를 뜻한다. 일반적으로 컴퓨터가 이해하기 쉬울수록 저수준이라 한다.

가장 최근 개발된 devtools 버전을 사용하고 싶다면 다음의 코드를 이용하여 필자가 개발한 새로운 함수를 사용할 수 있다.

```
devtools::install_github("r-lib/devtools")
```

C 컴파일러와 약간의 명령줄 도구가 필요하다. 만약 윈도우나 맥을 사용하는데 이 컴파일러와 도구가 설치되어 있지 않다면 RStudio가 그 도구를 설치할 것이다.

- 윈도우에서는 Rtools(https://bit.ly/2KLHfMp)를 다운로드하여 설치하라. 참고: Rtools는 R 패키지가 아니다!
- 맥에서는 XCode(앱스토어에서 무료로 설치할 수 있다)나 "Command-Line Tools for Xcode(https://apple.co/2Vbu3FW)"를 설치하라. 애플 ID가 필요할 수 있다.
- 리눅스에서는 R과 R 개발 도구를 설치하라. 예를 들어, 우분투(또는 데비안)에서는 r-base-dev 패키지를 설치하라.

다음의 코드를 실행하여 필요한 것이 모두 설치되어 있는지 확인할 수 있다.

```
library(devtools)
has_devel()
#> '/Library/Frameworks/R.framework/Resources/bin/R' --vanilla CMD SHLIB foo.c
#>
#> clang -I/Library/Frameworks/R.framework/Resources/include -DNDEBUG
#>   -I/usr/local/include -I/usr/local/include/freetype2 -I/opt/X11/include
#>   -fPIC  -Wall -mtune=core2 -g -O2 -c foo.c -o foo.o
#> clang -dynamiclib -Wl,-headerpad_max_install_names -undefined dynamic_lookup
#>   -single_module -multiply_defined suppress -L/usr/local/lib -o foo.so foo.o
#>   -F/Library/Frameworks/R.framework/.. -framework R -Wl,-framework
#>   -Wl,CoreFoundation
[1] TRUE
```

위와 같이 하면 문제를 진단하는 데 도움이 되는 코드를 출력할 것이다. 아무 이상이 없다면 TRUE를 반환하지만, 그렇지 않다면 오류를 반환하므로 어떤 문제가 있는지 찾아보아야 한다.

편집 규칙

이 책을 통틀어 함수를 표시하는 데에는 foo()를 사용하고, 변수와 함수 파라미터를 표시하기 위해서는 bar를 사용하며, **baz/**와 같은 형식은 경로를 나타내는 데 사용하였다. 보다 큰 코드 블럭은 입력과 출력이 혼합되어 있다. 출력은 주석 처리가 되어 있다. 따라서 이 책의 전자책(http://r-pkgs.had.co.nz) 버전을 가지고 있다면 예제들을 쉽게 R에 복사하여 붙여 넣을 수 있다. 출력에 대한 주석 처리는 #>로 하여 일반적인 주석과 구분하였다.

출간 방법

이 책은 RStudio에서 Rmarkdown(https://rmarkdown.rstudio.com)을 이용하여 작성하였다. Knitr(https://yihui.name/knitr)와 pandoc(http://pandoc.org)으로 원시 Rmarkdown 소스를 HTML과 PDF로 변환하고, 웹사이트는 bootstrap(https://getbootstrap.com)으로 스타일링하여 jekyll(https://jekyllrb.com)로 개발 후 travis-ci(https://travis-ci.org)를 통해 아마존 S3(https://aws.amazon.com/ko/s3)에 릴리스된다. 완전한 소스는 https://github.com/hadley/r-pkgs에서 찾아볼 수 있다. 이 버전의 책을 만드는 데 사용된 도구들에 대한 정보는 다음과 같다.

```
library(roxygen2)
library(testthat)
devtools::session_info()
#> Session info ---------------------------------------------------------
#>  setting  value
#>  version  R version 3.1.2 (2014-10-31)
#>  system   x86_64, linux-gnu
#>  ui       X11
#>  language (EN)
#>  collate  en_US.UTF-8
#>  tz       <NA>
#> Packages -------------------------------------------------------------
#>  package    * version    date       source
#>  bookdown     0.1        2015-02-12 Github (hadley/bookdown@fde0b07)
#>  devtools   * 1.7.0.9000 2015-02-12 Github (hadley/devtools@9415a8a)
#>  digest     * 0.6.8      2014-12-31 CRAN (R 3.1.2)
#>  evaluate   * 0.5.5      2014-04-29 CRAN (R 3.1.0)
#>  formatR    * 1.0        2014-08-25 CRAN (R 3.1.1)
#>  htmltools  * 0.2.6      2014-09-08 CRAN (R 3.1.2)
#>  knitr      * 1.9        2015-01-20 CRAN (R 3.1.2)
#>  Rcpp       * 0.11.4     2015-01-24 CRAN (R 3.1.2)
#>  rmarkdown    0.5.1      2015-02-12 Github (rstudio/rmarkdown@0f19584)
#>  roxygen2     4.1.0      2014-12-13 CRAN (R 3.1.2)
#>  rstudioapi * 0.2        2014-12-31 CRAN (R 3.1.2)
#>  stringr    * 0.6.2      2012-12-06 CRAN (R 3.0.0)
#>  testthat     0.9.1      2014-10-01 CRAN (R 3.1.1)
#>  tools        3.5.0      2018-04-23 local
#>  utils      * 3.5.0      2018-04-23 local
#>  withr        2.1.2      2018-03-15 CRAN (R 3.5.0)
#>  xml2         1.2.0      2018-01-24 cran (@1.2.0)
```

2

패키지 구조

이 장은 자신의 패키지를 처음으로 만들어 보는 것으로 패키지 개발에 대해 본격적으로 알아보기 시작할 것이다. 이렇게 함으로써 패키지를 설치할 때 발생 가능한 일들을 포함하여 패키지가 가질 수 있는 여러 상태에 대해서도 알 수 있다. 마지막으로, 패키지와 라이브러리의 차이점과 왜 이들 차이점에 주의를 기울여야 하는지에 대해서도 학습할 것이다.

패키지 이름 짓기

> "컴퓨터 과학 분야에서 어려운 일은 두 가지이다. 캐시 무효화와 이름 짓기가 그것이다."
>
> —필 칼튼(Phil Karlton)

자신의 첫 번째 패키지를 만들기 전에 그 패키지의 이름을 지어야 한다. 패키지 이름 짓기는 정말 어려운 일이다! (devtools 패키지가 이런 이름 짓기를 자동화할 수는 없다.)

이름 짓기의 요구사항

이름을 짓는 데에는 따라야 할 규칙이 세 가지 있다. 이름은 문자, 숫자, 그리고 마침표(.)로만 구성해야 하며, 문자로 시작되어야 한다. 그리고 마침표로 끝마칠 수 없다. 이러한 요구사항은 패키지 이름에 하이픈이나 언더스코어(즉, - 또는 _)를 사용할 수 없다는 것을 의미한다. 마침표는 의미적으로 혼란을 가져올 수 있으므로(즉, 파일 확장자나 S3 메서드에도 사용됨) 패키지 이름에는 사용하지 않는 것이 좋다.

이름을 짓는 좋은 방법

자신의 패키지를 공개하려 한다면 좋은 이름을 짓는 데 얼마간의 시간을 투자해 보는 것도 좋은 생각이다. 여기에 그런 생각에 도움이 되는 것들을 소개하였다.

- 구글에서 잘 검색되도록 고유한 이름을 선택하라. 잠재적 사용자들이 자신의 패키지(추가로 연관된 자료 등)를 쉽게 찾을 수 있으며, 자신의 패키지를 사용하고 있는 사람이 누구인지를 찾아보기에도 좋다. 어떤 이름이 CRAN에서 이미 사용되었는지는 http://cran.r-project.org/web/packages/[PACKAGE_NAME]으로 검색하여 확인할 수 있다.

- 대문자와 소문자를 동시에 사용하지 말라. 패키지 이름을 입력하기 어렵고 기억하기는 더 어렵다. 예를 들어, Rgtk2, RGTK2 또는 RGtk2는 기억하기 너무 어렵다.

- 문제가 될 만한 단어를 찾아 고유한 것으로 수정하라.

  — plyr은 apply 함수군을 일반화한 것이며, 집게(pliers)를 연상시킨다.

  — lubridate로 날짜(date)와 시간(time) 처리를 쉽게 할 수 있다.

  — knitr(knit + r)는 sweave(s + weave)보다 세련되다.

  — testdat는 데이터가 올바른 형식을 가졌는지 검증한다.

- 축약어를 사용하라.

  — Rcpp는 R과 C++(plus plus)를 결합한 것이다.

  — lvplot은 글자 값 플롯(letter value plot)을 의미한다.

- R을 추가하라.

  — stringr은 문자열 도구를 제공한다.

  — tourr은 시각화 기법인 그랜드 투어(grand tour)[1]를 구현하였다.

  — gistr은 GitHub gist를 프로그램적으로 생성/수정할 수 있게 해준다.

---

1 <u>옮긴이</u> 그랜드 투어(grand tour) 기법은 다니얼 아쉬모프(Daniel Asimov)가 1985년에 개발한 것으로, 애니메이션을 이용하여 다변량 통계 데이터를 탐색하는 기법을 말한다.

상용 서비스와 호환되는 패키지를 만드는 경우, 브랜딩 가이드라인을 확인하여 문제가 발생하지 않도록 하라. 예를 들어, 드롭박스(Dropbox)는 그 이름을 상표로 등록하고 이름 전체를 사용하는 것을 모든 애플리케이션에서 금지하고 있기 때문에 rDrop을 rDropbox라고 할 수 없다.

패키지 만들기

이름을 결정하였다면 패키지를 만드는 방법은 두 가지가 있다. 그중 하나는 RStudio를 사용하는 것이다.

1. [File]을 클릭한 후 [New Project]를 선택하라.
2. 그림 2-1처럼 [New Directory]를 선택하라.

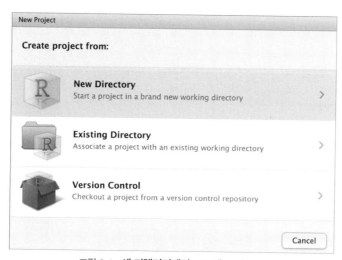

그림 2-1 새 디렉터리에서 프로젝트 만들기

3. 다음으로, 그림 2-2처럼 두 번째 옵션인 [R Package]를 선택하라.

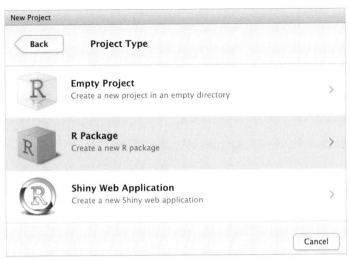

그림 2-2 새로운 R 패키지 만들기

4. 마지막으로, 그림 2-3처럼 이미 정한 패키지 이름을 입력하고 [Create Project]를 클릭하라.

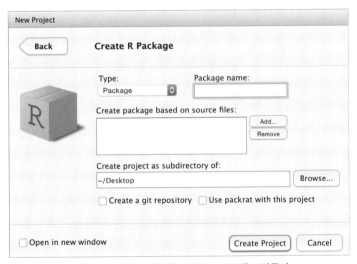

그림 2-3 패키지 이름을 입력하고 프로젝트 만들기

다른 방법으로, R에서 다음의 코드를 실행하여 새로운 패키지를 만들 수 있다.

```
devtools::create("path/to/package/pkgname")
```

두 방법 모두 동일한 결과를 가져오는데, 세 개의 구성요소를 가진 사용 가능한 가장 작은 크기의 패키지를 만든다.

1. **R/** 디렉터리는 3장에서 다룬다.
2. 기본 **DESCRIPTION** 파일은 4장에서 다룬다.
3. 기본 **NAMESPACE** 파일은 8장에서 다룬다.

패키지는 **pkgname.Rproj**라는 RStudio 프로젝트 파일도 포함하는데, 다음 절에 설명되어 있듯이 이 파일은 자신의 패키지를 RStudo에서 사용하기 쉽게 해준다.

패키지를 만들기 위해 `package.skeleton()` 함수를 사용하지 말라. 이 함수를 이용하면 삭제하거나 수정해야 할 부수적인 파일들이 생성되기 때문에 제대로 작동하는 패키지를 만들기 위해 또 다른 작업이 필요해진다.

RStudio 프로젝트

RStudio에서 새로 만든 자신의 패키지를 다루기 시작하려면 RStudio의 시각적 사용자 인터페이스(Graphical User Interface, GUI)나 명령줄 옵션을 이용하여 만든 **pkgname.Rproj** 파일을 더블-클릭하라. 이렇게 하면 그 패키지에 해당하는 새로운 RStudio 프로젝트를 시작한다.

- 각 프로젝트는 분리되어 있다. 그래서 하나의 프로젝트에서 실행하는 코드가 다른 프로젝트에 영향을 미치지 않는다.
- 함수 정의 부분으로 바로 갈 수 있는 F2와 이름으로 함수를 검색할 수 있는 Ctrl+처럼 편리한 코드 탐색 도구를 사용할 수 있다.
- 공통적인 패키지 개발 작업을 위한 키보드 단축키를 사용할 수 있다. 이 책에서 그 단축키들을 배울 수 있지만, 그림 2-4처럼 Alt+Shift+K나 메뉴에서 [Help] ➡ [Keyboard shortcuts]를 선택하여 한 번에 모든 단축키를 볼 수도 있다.

그림 2-4 키보드 단축키 메뉴

(더 많은 RStudio의 팁과 도구들을 알고 싶다면 트위터에서 @rstudiotips를 팔로우하라.)

RStudio와 devtools::create() 모두 .Rproj 파일을 만들 것이다. .Rproj 파일을 가지지 않는 기존의 패키지가 있다면 devtools::use_rstudio("path/to/package")를 추가하라. 패키지 개발에 RStudio를 사용하지 않고 있다면, 새로운 R 세션을 시작하고 작업 디렉터리를 패키지 디렉터리로 설정하는 것으로 많은 혜택을 얻을 수 있다.

RStudio 프로젝트 파일은 무엇인가?

.Rproj 파일은 단지 텍스트 파일일 뿐이다. devtools로 만들어진 프로젝트 파일은 다음과 같은 내용을 담고 있다.

```
Version: 1.0

RestoreWorkspace: No
SaveWorkspace: No
AlwaysSaveHistory: Default

EnableCodeIndexing: Yes
Encoding: UTF-8
AutoAppendNewline: Yes
StripTrailingWhitespace: Yes

BuildType: Package
```

```
PackageUseDevtools: Yes
PackageInstallArgs: --no-multiarch --with-keep.source
PackageRoxygenize: rd,collate,namespace
```

이 파일을 직접 수정할 필요는 없지만, RStudio의 우측 상단에 있는 [Project] 메뉴의 [Project Options] 대화상자를 잘 다루어야 한다(그림 2-5와 그림 2-6을 참고하라).

그림 2-5 [Project Options] 대화상자에 접근하기

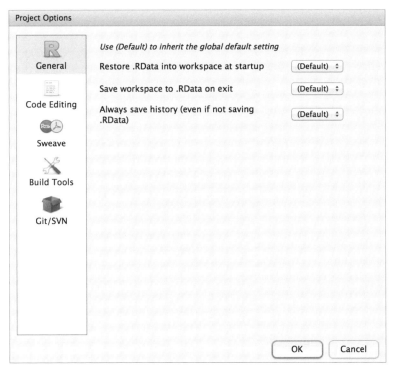

그림 2-6 일반적인 [Project Options] 영역

패키지란 무엇인가?

자신의 첫 번째 패키지를 만들기 위해서 알아야 할 모든 것을 이미 앞에서 배웠다. 특히 다른 사람에게 패키지를 소개할 때가 중요한데, 패키지 개발에 능숙해지려면 그 생애주기에 따라 소스, 번들, 바이너리, 설치, 메모리의 다섯 가지 상태로 패키지가 존재한다는 것을 이해하는 것이 도움이 된다. 이런 상태의 차이를 이해하면 install.packages()와 devtools::install_github()이 수행하는 작업에 대한 개념 모델을 구성하는 데 도움이 되고, 문제가 생겼을 때 쉽게 해결할 수 있다.

소스 패키지

지금까지 자신의 컴퓨터에만 존재하는 개발 버전의 패키지인 **소스 패키지**(source package)만 다루었다. 소스 패키지는 단지 **R/, DESCRIPTION**과 기타의 구성요소들이 있는 디렉터리이다.

번들 패키지

번들 패키지(bundled package)는 하나의 파일로 압축된 패키지를 말한다. (리눅스에서) 전통적으로 R의 패키지 번들은 **.tar.gz** 확장자를 사용한다. 즉, 여러 파일을 하나의 파일로 축소(.tar)한 다음, gzip(.gz)을 이용하여 압축한 것이다. 번들이 그 자체로는 그다지 유용하지 않더라도 다른 상태들 간의 중간 단계물로는 유용할 수 있다. 드물지만, 이런 번들이 필요하다면 devtools::build()를 호출하여 만들 수 있다.

번들의 압축을 해제하면 소스 패키지와 거의 동일한 것을 볼 수 있을 것이다. 압축되지 않은 번들 패키지와 소스 패키지의 주요한 차이는 다음과 같다.

- 비네트[2]가 빌드되어 있어 Markdown이나 LaTeX 입력이 아니라 HTML이나 PDF 출력을 얻을 수 있다.
- 컴파일하면서 자동으로 **src/** 경로에 생성된 파일들처럼 개발 중에 시간을 절약하기 위해 사용된 임시 파일들을 소스 패키지가 갖고 있을 수 있다. 번들 패키지에는 이러한 파일들이 전혀 포함되어 있지 않다.
- **.Rbuildignore**에 나열된 어떤 파일도 번들 패키지에 포함되어 있지 않다.

.Rbuildignore는 소스 패키지의 파일들이 번들 패키지에 나타나지 않도록 한다. 여기에는 패키지 번들에는 포함되지 않고 소스 패키지에만 포함할 디렉터리를 추가할 수 있다. 이렇게 하면 다른 파일에서 패키지 내용(예를 들어, 데이터)을 생성할 때 특히 유용하다. 그런 다른 파일들은 소스 패키지에 포함되어야 하지만, 결과물만 릴리스해야 한다. 이런 점은 특히 (허용되는 최상위 디렉터리 집합이 정해져 있는) CRAN 패키지에 중요하다. 각 줄은 대소문자에 상관없이 각 파일에 대한 경로와 일치하는(예를 들어, dir(full.names = TRUE)) Perl 호환 정규표현식을 제공한다. 정규표현식이 일치하면 그 파일은 제외된다.

어떤 특정한 파일이나 (가장 빈번한 사례인) 경로를 제외하고 싶다면 반드시 정규표현식을 지정해야 한다. 예를 들어, notes라는 경로를 제외하기 위해서는 ^notes$를 사용하라. notes라는 정규표현식은 notes라는 단어를 포함하고 있는 모든 파일을 찾을 것이다(예를 들어, **R/notes.R, man/important-notes.R, data/endnotes.Rdata** 등). 특정한 파일이나 경로를 제외하는 가장 안전한 방법은 devtools::use_build_ignore("notes")를 사용하는 것이다.

2 　옮긴이 vignette는 개발한 패키지를 다양한 측면에서 활용하기 위한 사례 등을 담은 튜토리얼 문서를 말하는, R 생태계의 용어이다.

다음은 필자의 패키지 중 하나에서 사용된 전형적인 .Rbuildignore 파일이다.

```
^.*\.Rproj$            # Automatically added by RStudio,
^\.Rproj\.user$        # used for temporary files.
^README\.Rmd$          # An Rmarkdown file used to generate README.md
^cran-comments\.md$    # Comments for CRAN submission
^NEWS\.md$             # A news file written in Markdown
^\.travis\.yml$        # Used for continuous integration testing with travis
```

.Rbuildignore에 파일을 추가해야 하는 중요한 때마다 이에 대해 알려줄 것이다.

바이너리 패키지

패키지 개발 도구를 갖고 있지 않은 R 사용자에게 자신의 패키지를 릴리스하기를 원한다면 **바이너리 패키지**(binary package)를 만들어야 한다. 패키지 번들처럼 바이너리 패키지는 하나의 파일이다. 하지만 그 파일의 압축을 해제하면 소스 패키지와는 매우 다른 내부 구조를 볼 수 있다.

- **R/** 디렉터리에 **.R** 파일이 없다. 대신에 효율적인 파일 포맷으로 파싱된 함수를 저장하고 있는 세 개의 파일이 있다. 기본적으로 이것은 모든 R 코드를 로드하고 난 후 그 함수를 save()로 저장한 결과이다(이 과정에서 가능한 빠르게 작업이 처리되도록 약간의 메타데이터가 추가된다).

- **Meta/** 디렉터리에는 Rds 파일이 많이 있다. 이 파일에는 도움말 파일이 다루고 있는 내용과 **DESCRIPTION** 파일의 파싱된 버전처럼 패키지에 대해 캐시된 메타데이터가 들어 있다(readRDS()를 이용하여 그 파일에 들어있는 내용을 정확하게 살펴볼 수 있다). 그 파일들은 부하가 많은 계산을 캐싱하여 패키지 로딩을 빠르게 한다.

- **html/** 디렉터리에는 HTML 도움말을 위한 파일들이 있다.

- **src/** 디렉터리에 코드가 있으면 이제는 32비트(i386/)와 64비트(x64/) 코드를 컴파일한 결과물이 있는 **libs/** 디렉터리에 있을 것이다

- **inst/**의 내용은 최상위 디렉터리로 옮겨진다.

바이너리 패키지는 플랫폼에 따라 특정된다. 즉, 윈도우 바이너리 패키지는 맥이나 다른 플랫폼에 설치할 수 없다. 또한, 맥 바이너리 패키지는 **.tgz**라는 확장자를 가지며, 윈도우 바이너리 패키지는 **.zip**이라는 확장자를 가진다. 바이너리 패키지를 만들기 위해서는 devtools::build(binary = TRUE)를 사용한다.

그림 2-7은 devtools의 소스, 번들, 그리고 바이너리의 경우에 따라 루트 디렉터리에 있는 파일들을 요약하여 보여준다.

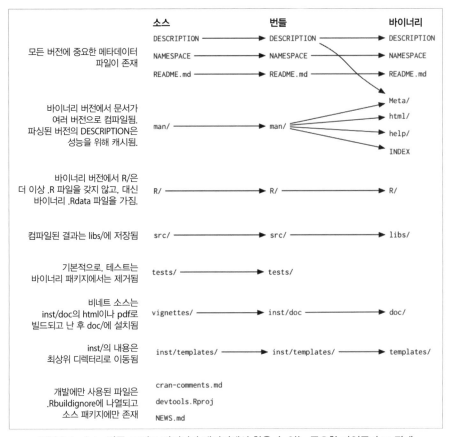

그림 2-7 소스, 번들, 그리고 바이너리 패키지에서 찾을 수 있는 중요한 파일들과 그 관계

설치된 패키지

설치된 패키지(installed package)는 (잠깐 설명한 것처럼) 단지 패키지 바이너리로 압축이 해제된 바이너리 패키지이다. 그림 2-8은 패키지가 설치될 수 있는 여러 방법을 보여준다. 이 도표는 매우 복잡하다. 이상적으로는 패키지 설치가 소스 패키지 ➡ 번들 패키지, 번들 패키지 ➡ 바이너리 패키지, 바이너리 패키지 ➡ 설치된 패키지처럼 간단한 단계들의 집합으로 구성된다. 하지만 실제로는 (보다 빠른) 지름길이 존재하기 때문에 단순하지 않다.

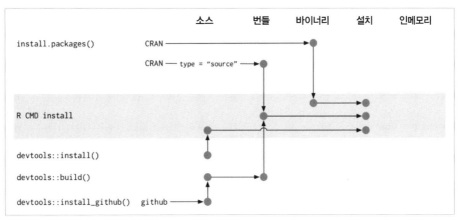

그림 2-8 패키지를 설치하는 다섯 가지 방법

소스, 번들, 바이너리 패키지를 모두 설치할 수 있는 도구는 명령줄 도구인 R CMD INSTALL 이다. devtools 함수는 명령줄이 아니라 R에서 이 도구에 접근할 수 있는 래퍼 함수(wrapper function)를 제공한다. devtools::install()은 R CMD INSTALL에 대한 효과적인 래퍼 함수이다. devtools::build()는 소스 패키지를 번들 패키지로 변환하는 R CMD build의 래퍼 함수이다. devtools::install_github()은 GitHub에서 소스 패키지를 다운로드 하고, 비네트를 만들기 위해 build()를 실행한 후, 설치를 실행하기 위해 R CMD INSTALL 을 사용한다. devtools::install_url(), devtools::install_gitorious(), 그리고 devtools::install_bitbucket()은 인터넷 여기 저기에서 찾을 수 있는 패키지들을 설치 하기 위해 비슷하게 작동하는 함수들이다.

install.packages()와 devtools::install_github()으로 원격에 있는 패키지를 설치 할 수 있다. 이 둘 모두 패키지를 다운로드하고 난 후에 설치하는 방식으로 작동한다. 이렇게 하는 것은 패키지 설치를 매우 빠르게 한다. install.packages()는 CRAN에 구축되어 있 는 바이너리 패키지를 다운로드하여 설치하는 데 사용된다. install_github()은 약간 다 르게 작동하는데, 소스를 다운로드하여 빌드하고 난 후 설치하는 것이다.

.Rinstignore를 사용하여 패키지 번들 파일이 **설치된 패키지**에 포함되는 것을 방지할 수 있다. 이 .Rinstignore 파일은 앞에서 설명한 .Rbuildignore와 동일한 방식으로 작동하지만, 거의 사 용되지는 않는다.

인메모리 패키지

패키지를 사용하기 위해서는 메모리로 로드해야 한다. (예를 들어, `devtools::install()` 대신 `install()`처럼) 패키지 이름을 지정하지 않고 사용하려면 검색 경로에 그 이름을 추가해야 한다. 이렇게 사용할 때 R은 패키지를 자동으로 로드한다. `library()`와 `require()`로 로드하고 난 후 설치된 패키지를 부착한다.

```
# Automatically loads devtools
devtools::install()

#Loads and _attaches_ devtools to the search path
library(devtools)
install()
```

스크립트를 작성할 때 패키지를 로딩(loading)하는 것과 부착(attaching)하는 것의 차이는 중요하지 않지만, 패키지를 작성할 때는 매우 중요하다. 이 차이가 왜 중요한지에 대해서는 99쪽의 '검색 경로' 절에서 다룬다.

패키지를 개발할 때 그 패키지를 먼저 설치해야 하므로 `library()`는 유용하지 않다. 뒤에서 `devtools::load_all()`과 RStudo의 'Build & Reload'에 대해 다루는데, 이것으로 소스 패키지를 설치하고 메모리에 직접 로드하는 것을 건너뛸 수 있다.

그림 2-9 패키지를 메모리에 로드하는 세 가지 방법

라이브러리란 무엇인가?

라이브러리란 단순히 설치된 패키지를 포함하고 있는 디렉터리이다. 자신의 컴퓨터에 여러 라이브러리를 가질 수 있다. 사실, 대부분은 최소한 두 개의 라이브러리를 갖고 있는데, 설치한 패키지를 위한 것 하나와 (base나 stats 같은) 모든 R 설치에 따르는 패키지를 위한 것이 그것이다. 일반적으로 사용자가 설치한 패키지 디렉터리는 사용하고 있는 R 버전에 따라 다르다. 그

래서 R을 다시 설치할 때 이전의 모든 패키지가 없어진 것처럼 보이는데, 여전히 하드 드라이브에 있더라도 R은 그 패키지들을 찾지 못한다.

.libPaths()를 사용하여 현재 어떤 라이브러리가 활성화되어 있는지 알 수 있다. 다음이 그 사례이다.

```
.libPaths()
#> [1] "/Users/hadley/R"
#> [2] "/Library/Frameworks/R.framework/Versions/3.1/Resources/library"
lapply(.libPaths(), dir)
#> [[1]]
#>   [1] "AnnotationDbi"   "ash"             "assertthat"
#>   ...
#> [163] "xtable"          "yaml"            "zoo"
#>
#> [[2]]
#>   [1] "base"            "boot"            "class"       "cluster"
#>   [5] "codetools"       "compiler"        "datasets"    "foreign"
#>   [9] "graphics"        "grDevices"       "grid"        "KernSmooth"
#>  [13] "lattice"         "MASS"            "Matrix"      "methods"
#>  [17] "mgcv"            "nlme"            "nnet"        "parallel"
#>  [21] "rpart"           "spatial"         "splines"     "stats"
#>  [25] "stats4"          "survival"        "tcltk"       "tools"
#>  [29] "translations"    "utils"
```

첫 번째 라이브러리 경로는 설치한 패키지에 관한 것이다(매우 많은 패키지가 설치되어 있는 것을 알 수 있다). 두 번째는 소위 '권장(recommended)' 패키지들인데, R을 설치하면서 같이 설치된 것들이다.

패키지를 로드하기 위해 library(pkg)를 사용할 때 R은 호출된 **pkg** 디렉터리가 존재하는지 확인하기 위해 .libPaths()의 경로를 탐색한다. 경로에 패키지가 없으면 오류 메시지가 나타날 것이다.

```
library(blah)
#> Error in library(blah): there is no package called 'blah'
# 또는
require(blah)
#> Loading required package: blah
#> Warning in library(package, lib.loc = lib.loc, character.only = TRUE,
#> logical.return = TRUE, : there is no package called 'blah'
```

library()와 require() 간의 주요한 차이는 패키지가 없을 때 발생하는 결과에 관한 것이다. library()는 오류를 내지만, require()는 메시지를 출력하고 FALSE를 반환한다. 실제로 이러한 구분은 중요하지 않은데, 왜냐하면 패키지를 빌드할 때 내부적으로 다른 패키지가 전혀 사용되지 않기 때문이다. 무엇을 해야 하는지 알아보기 위해 40쪽의 '의존성: 패키지가 필요로 하는 것은 무엇인가?' 절을 살펴보라.

R을 배우기 시작한 사람이라면 library()로 **패키지(package)**를 로드하기 때문에 라이브러리와 패키지에 대해 혼란을 겪기 쉽다. 그러나 이 둘을 구분하는 것은 중요하고 유용하다. 예를 들어, 중요한 애플리케이션 하나로 packrat이 있는데, 이것은 프로젝트에 특정한 라이브러리 관리 프로세스를 자동화한다. packrat을 이용하면 어떤 프로젝트에서 패키지를 업그레이드할 때 자신의 컴퓨터에 있는 다른 모든 프로젝트에는 영향 없이 해당 패키지만 변경할 수 있다. 더 신뢰성 있는 오래된 패키지를 사용하는 다른 프로젝트에 영향을 주지 않고 가장 최신의 패키지를 다룰 수 있기 때문에 유용하다. 또한, 패키지를 개발하고 사용할 때 모두 유용하기도 하다.

패키지 구성요소

3

R 코드

패키지를 사용할 때 첫 번째 원칙은 모든 R 코드가 R/에 있어야 한다는 것이다. 이 장에서는 R/ 디렉터리, 파일로 함수를 구성할 때 권장하는 방법, 그리고 좋은 스타일에 대한 몇 가지 일반적인 팁에 대해 배우게 될 것이다.

R 코드 워크플로

패키지를 사용하는 가장 실제적인 이점은 자신의 코드를 쉽게 다시 로드할 수 있다는 것이다. devtools::load_all()을 실행하거나 RStudio에서 Ctrl/Cmd+Shift+L을 눌러 타이핑을 줄이면서 열려 있는 모든 파일을 저장할 수도 있다.

키보드 단축키로 유연한 개발 워크플로를 경험할 수 있다.

1. R 파일을 편집
2. Ctrl/Cmd+Shift+L을 누름
3. 콘솔에서 코드 탐색
4. 정리하고 반복

축하한다! 방금 자신의 첫 번째 패키지 개발 워크플로를 경험하였다. 이 책에서 다른 어떤 것도 배우지 못했을지라도, R 코드를 편집하고 다시 로드하는 유용한 워크플로에 대한 경험은 얻은 것이다.

사용자 함수 구성하기

자신이 원하는 대로 파일에 함수를 배치하는 것은 자유롭지만, 극단적인 두 가지 경우는 좋지 않다. 하나의 파일에 모든 함수를 삽입하거나 각 함수를 개별적인 파일에 삽입하지 말라(몇 개의 파일이 단지 하나의 함수만을 포함하는 경우는 괜찮은데, 그 함수가 크기가 크거나 여러 문서를 가지는 경우이다). 파일명은 충분히 의미를 전달해야 하며, 확장자는 .R로 해야 한다.

```
# 좋음
fit_models.R
utility_functions.R

# 나쁨
foo.r
stuff.r
```

자신이나 동료들이 (예를 들어, 마이크로소프트 윈도우처럼) 대소문자에 민감하지 않은 파일 시스템을 가진 운영체제를 사용하고 있을 수 있기 때문에 대소문자 표기(capitalization)에 관심을 기울여야 한다. 대소문자 표기만 다른 파일 이름을 사용하지 않음으로써 이런 문제를 회피하라.

필자의 경험에 따르면, 함수가 있는 파일의 이름을 기억할 수 없다면 함수를 보다 많은 파일로 구분하거나 보다 적절한 이름을 부여하는 것이 좋다(불행하게도 R/ 내부에서 하위 디렉터리를 사용할 수 없다. 차선책은 abc-*.R처럼 공통적인 접두사를 사용하는 것이다.)

함수 정의로 바로 진입할 수 있는 중요한 RStudio 키보드 단축키에 익숙하다면 파일 내에서 함수의 배치는 덜 중요하다.

- 코드에서 함수 이름을 클릭하고 F2를 누름
- Ctrl을 누르고 이름을 입력하기 시작함(그림 3-1 참고)

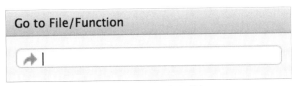

그림 3-1 코드 탐색 팝업

이들 도구 중 하나를 이용하여 함수를 탐색하고 난 후, 편집기 영역의 좌측 상단에 있는 왼쪽 방향 화살표(⬅)를 클릭하거나 Ctrl/Cmd+F9를 눌러 원래의 위치로 돌아갈 수 있다.

코드 스타일

좋은 코딩 스타일은 올바른 구두점을 사용하는 것과 유사하다. 구두점을 사용하지 않을 수도 있으나, 제대로 사용하면 가독성을 높일 수 있다. 구두점 스타일에 따라 여러 형태가 있을 수 있다. 다음의 가이드라인은 이 책에서 사용된 스타일을 설명하고 있다. 이 스타일은 Google의 R 스타일 가이드(https://bit.ly/1LSZt7b)에 기반한 것이며, 여기에 약간의 변형을 포함하고 있다.

이 책의 스타일을 따라야 할 필요는 없지만, 일관된 스타일을 사용하고 그것을 문서화하는 것은 매우 중요하다. 다른 누군가의 코드에 작업을 한다면 자신의 스타일을 그 코드에 반영하지 말라. 대신, 원작자의 스타일 문서를 읽고 가능한 그 문서의 내용을 따라야 한다.

자신의 코드는 한 명이 작성하지만, 여러 사용자가 그 코드를 읽기 때문에 좋은 스타일이 중요하다. 이런 좋은 스타일은 다른 사람들과 공동으로 코드를 작성할 때 특히 중요하다. 공동으로 코드를 작성할 때는 먼저 공통적인 스타일에 대해 정해 놓는 것이 좋다. 다른 어떤 스타일보다 항상 우수한 것은 존재하지 않으므로 다른 사람들과 함께 작업할 때는 자신이 선호하는 것만 고집해서는 안 된다.

씨에 이후이(Yihui Xie)의 formatR 패키지(https://yihui.name/formatr)로 형편없는 형태의 코드를 보다 쉽게 정리할 수 있다. 완벽하지는 않지만, 이 패키지로 끔찍하게 나쁜 코드를 상당히 좋은 수준으로 빠르게 정리할 수 있다. 이 패키지를 사용하기 전에 웹사이트에 있는 주의 사항을 반드시 먼저 읽어보라. 다음과 같이 사용하기가 매우 쉽다는 것을 알 수 있을 것이다.

```
install.packages("formatR")
formatR::tidy_dir("R")
```

보완적으로, 코드 **린터**(linter)를 사용하는 접근법도 있다. 린터는 자동으로 문제가 있는 부분을 수정하는 것이 아니라 그 문제에 대한 경고를 나타낸다. 짐 헤스터(Jim Hester)의 lintr 패키지는 스타일 가이드의 준수 여부를 확인하고 실수한 부분에 대해서 알려준다. formatR과 비교하였을 때 lintr가 (직접 수정하는 것이 아니기 때문에) 더 많은 수의 잠재적 문제를 보여준다.

```
install.packages("lintr")
lintr::lint_package()
```

객체 이름

변수 이름과 함수 이름은 소문자로 써야 한다. 하나의 이름에서 단어를 구분하여 표시하고 싶다면 밑줄(_)을 사용하라(S3 메서드는 .을 사용한다). 일관되게 사용하는 경우, 낙타등 표기법(Camel case)이 적절한 대안이 될 수 있다. 일반적으로, 변수 이름은 명사(nouns)로 하고 함수 이름은 동사(verbs)로 한다. 간결하고 의미를 충분히 전달할 수 있는 이름을 짓기 위해 고민할 필요가 있지만, 쉽지 않은 일이다. 다음의 몇 가지 사례를 참고할 수 있다.

```
# 좋음
day_one
day_1

# 나쁨
first_day_of_the_month
DayOne
dayone
djm1
```

가능한 기존의 함수와 변수의 이름을 사용하지 않는 것이 좋다. 기존의 이름을 사용하면 자신의 코드를 다른 사람이 읽을 때 혼란스럽게 된다. 예를 들어, 다음과 같다.

```
# 나쁨
T <- FALSE
c <- 10
mean <- function(x) sum(x)
```

여백 넣기

모든 삽입 연산자(=, +, -, < 등)의 앞뒤에 여백을 삽입하라. 함수 호출을 할 때 사용하는 =의 경우에도 동일한 규칙이 적용된다. 쉼표 뒤에는 항상 여백을 삽입하고 (일반 영어에서처럼) 그

앞에서는 절대로 여백을 사용하지 말아야 한다.

```
# 좋음
average <- mean(feet / 12 + inches, na.rm = TRUE)

# 나쁨
average<-mean(feet/12+inches,na.rm=TRUE)
```

이 규칙에 작은 예외 사례가 있는데, :, ::, 그리고 :::는 그 앞뒤에 여백이 필요 없다(이전에 ::
또는 :::를 본 적이 없다면 8장에서 볼 수 있을 것이다). 다음에 몇 가지 사례가 있다.

```
# 좋음
x <- 1:10
base::get

# 나쁨
x <- 1 : 10
base :: get
```

함수 호출의 경우를 제외하고 왼쪽 괄호 앞에 여백을 사용하라.

```
# 좋음
if (debug) do(x)
plot(x, y)

# 나쁨
if(debug)do(x)
plot (x, y)
```

등호나 할당(<-)의 정렬이 개선된다면 공백을 하나 이상 연속으로 사용하는 것도 좋다.

```
list(
  total = a + b + c,
  mean  = (a + b + c) / n
)
```

(쉼표가 있다면 이전의 규칙을 따르면 되지만, 그렇지 않은 한) 괄호나 대괄호 안의 코드 앞뒤에 여백
을 사용하지 말라.

```
# 좋음
if (debug) do(x)
diamonds[5, ]

# 나쁨
if ( debug ) do(x)  # debug 앞뒤에 여백 사용하지 않음
x[1,]    # 쉼표 뒤에 여백 사용
x[1 ,]   # 쉼표의 앞이 아니라 뒤에 여백 사용
```

중괄호

왼쪽 중괄호 다음에는 절대로 코드를 작성하지 않으며, 뒤따르는 새로운 줄에 작성한다. else가 뒤따르지 않는 한, 오른쪽 중괄호는 그 줄에서 코드를 완료한다.

다음과 같이 중괄호 내에서는 항상 코드를 들여쓰기해야 한다.

```
# 좋음

if (y < 0 && debug) {
  message("Y is negative")
}

if (y == 0) {
  log(x)
} else {
  y ^ x
}

# 나쁨

if (y < 0 && debug)
message("Y is negative")

if (y == 0) {
  log(x)
}
else {
  y ^ x
}
```

아주 짧은 여러 개의 구문을 한 줄에 작성하는 것은 괜찮다.

```
if (y < 0 && debug) message("Y is negative")
```

줄 길이

코드를 한 줄에 80문자 이내로 제한하도록 노력하라. 이것은 합리적인 크기의 폰트로, 출력 규격에 적합하다. 출력 규격을 넘는 코드를 발견하면 분리된 함수로 작업의 일부를 캡슐화하는 것을 고려할 수 있다.

들여쓰기

코드를 들여쓰기(indentation)할 때는 두 개의 여백을 사용하라. 탭(tab)을 사용하지 말고 탭과 여백을 혼용하지도 말라. 코드 설정 영역에서 이 옵션을 변경하라(그림 3-2).

그림 3-2 **RStudio 코드 설정 영역**

유일한 예외는 여러 줄에 걸쳐 함수를 정의하는 경우이다. 이 경우에는 함수 정의가 시작되는 위치에 맞춰 두 번째 줄을 들여쓰도록 하라.

```
long_function_name <- function(a = "a long argument",
                               b = "another argument",
                               c = "another long argument") {
  # 보통의 코드처럼 두 개의 여백으로 들여 쓴다.
}
```

할당

할당에는 =를 사용하지 말고 <-를 사용하라.

```
# 좋음
x <- 5
# 나쁨
x = 5
```

주석 달기 가이드라인

코드에 주석(comment)을 달아라. 주석의 각 줄은 주석 표시(#)와 뒤따르는 여백 하나로 시작해야 한다. 주석은 목적이 아니라 이유를 설명해야 한다.

파일을 쉽게 읽을 수 있도록 분리하여 묶음(chunks)으로 만들기 위해 -와 =로 주석이 달린 줄을 사용하라.

```
# 데이터 로드 ---------------------------
# 데이터 플로팅 ===========================
```

고수준 코드

지금까지 source()로 로드할 수 있는 파일인 **스크립트**(scripts) 형태의 R 코드를 작성하였을 것이다. 스크립트 형태의 코드와 패키지 간에 주요한 차이가 두 가지 있다.

- 스크립트에서 코드는 로드되었을 때 실행된다. 패키지에서 코드는 빌드되었을 때 실행된다. 이러한 차이는, 패키지 코드는 오로지 객체를 생성해야 하므로 그 대부분이 함수라는 것을 의미한다.

- 패키지의 함수는 예상하지 못한 곳에서 사용될 수 있다. 이것은 함수를 개발할 때 외부 환경과 상호작용하게 될 여러 경우에 대한 고려가 충분히 이루어져야 한다는 것을 의미한다.

다음 두 개의 절에서는 앞에서 언급한 중요한 차이에 대해 보다 폭넓게 다룰 것이다.

코드 로딩

source()로 스크립트를 로드할 때 코드의 모든 줄이 실행되고 그 결과는 즉시 사용할 수 있게 된다. 패키지에서는 이와 다른데, 로딩 과정이 두 단계로 진행되기 때문이다. (예를 들어, CRAN에 의해) 패키지가 빌드되었을 때 R/에 있는 모든 코드가 실행되고 그 결과가 저장된다. library()나 require()로 패키지를 로드할 때 캐시된 결과를 사용할 수 있게 된다. 패키지의 경우와 동일하게 스크립트를 로드한다면 자신의 코드는 다음과 같이 보일 것이다.

```
# 새로운 환경에 스크립트를 로드하고 그것을 저장
env <- new.env(parent = emptyenv())
source("my-script.R", local = env)
save(envir = env, "my-script.Rdata")

# 이후 다른 R 세션에서 로드
load("my-script.Rdata")
```

예를 들어, x <- Sys.time()를 살펴보자. 이 코드를 스크립트에 삽입해 놓았다면 x에는 스크립트가 source()로 로드된 시스템 시각이 할당될 것이다. 그러나 동일한 코드가 패키지에 있다면 x는 패키지가 **빌드된** 시각을 할당받을 것이다.

이러한 차이는 절대로 코드를 패키지의 고수준에서 실행하면 안 된다는 것을 의미한다. 즉, 패키지 코드는 오로지 대부분이 함수인 객체만을 생성해야 한다. 예를 들어, foo 패키지가 다음의 코드를 포함하고 있다고 해보자.

```
library(ggplot2)

show_mtcars <- function() {
  qplot(mpg, wt, data = mtcars)
}
```

누군가 이 패키지를 사용하려고 한다면 다음과 같이 할 것이다.

```
library(foo)
show_mtcars()
```

이 코드는 작동하지 않는데, ggplot2의 qplot() 함수를 사용할 수 없기 때문이다. 즉, library(foo)는 library(ggplot2)를 다시 실행하지 않는다. 패키지의 고수준 R 코드는 패키지가 빌드될 때가 아니라 로드될 때만 실행된다.

이 문제를 우회하기 위해 다음과 같은 방법을 시도해 볼 수도 있다.

```
show_mtcars <- function() {
  library(ggplot2)
  qplot(mpg, wt, data = mtcars)
}
```

이 방법 또한 문제가 있는데, 잠시 후에 더 자세히 살펴볼 것이다. 대신, 40쪽의 '의존성: 패키지가 필요로 하는 것은 무엇인가?'에서 배울 수 있는 것과 같이 **DESCRIPTION** 파일에 자신의 코드가 필요로 하는 패키지를 기술하라.

R 영역

스크립트와 패키지 간의 다른 큰 차이는 사람들이 예상하지 못한 환경에서 그 패키지를 사용한다는 것이다. 따라서 R 영역(landscape)을 정하는 데 주의를 기울여야 하는데, 이 영역은 단지 함수와 객체뿐만이 아니라 모든 전역 설정을 포함한다. library()로 패키지를 로드하고, options()로 전역 옵션을 변경하거나, setwd()로 작업 디렉터리를 수정하였다면 R 영역을 변경한 것이다. 사용자 함수의 실행 전후에 **다른** 함수의 행동에 차이가 있다면 역시 영역이 변경된 것임을 나타내는 것이다. 영역의 변경은 코드를 이해하기 어렵게 하기 때문에 좋지 않다.

보다 나은 대안들이 있기 때문에 절대로 사용해서는 안 될 전역 설정을 수정하는 함수들은 다음과 같다.

library() 또는 require()를 사용하지 말라
    이 둘은 검색 경로를 수정하여 전역 환경에서 사용 가능한 함수들에 영향을 미친다. 이렇게 하는 것보다는 다음 장에서 설명하는 것처럼 자신의 패키지에서 요구하는 사항을 **DESCRIPTION** 파일에 기재해 놓는 것이 더 좋다. 또한, 자신의 패키지가 설치될 때 추가로 요구되는 패키지가 확실히 설치되도록 할 수도 있다.

파일에서 코드를 로드하는 source()를 절대로 사용하지 말라

source()는 코드 실행 결과를 삽입하므로 현재 환경을 변경한다. 이렇게 하는 대신 devtools::load_all()을 이용하여 R/에 있는 모든 파일을 자동으로 로드하도록 하라. 데이터 세트를 생성하는 데 source()를 사용한다면, 9장에서 설명한 것처럼 **data/**로 변경하라.

다른 함수들도 사용에 주의가 필요하다. 그런 함수들을 사용한다면 on.exit()로 환경(또는 영역)을 확실히 정리하라.

- options()로 전역 옵션을 수정하거나 par()로 그래픽 환경을 수정하면, 이전 값을 저장하고 작업을 완료하였을 때 원래대로 복구하라.

  ```
  old <- options(stringsAsFactors = FALSE)
  on.exit(options(old), add = TRUE)
  ```

- 작업 디렉터리 수정을 피하라. 어쩔 수 없이 변경해야 한다면, 작업을 완료하였을 때 원래 위치로 되돌려 놓아야 한다.

  ```
  old <- setwd(tempdir())
  on.exit(setwd(old), add = TRUE)
  ```

- 콘솔에 플롯을 생성하고 출력을 인쇄하는 것은 R의 전역 환경에 영향을 미치는 두 가지 다른 방식이다. (중요하기 때문에) 그 영향을 회피할 수 없는 경우가 종종 있는데, 오로지 출력만 만드는 함수로 그 두 작업을 분리하는 것이 좋다. 게다가 이렇게 분리하면, 다른 사람이 새로운 용도로 쉽게 변경할 수 있다. 예를 들어, 두 개의 함수에 데이터 준비와 플로팅을 구별해 놓았다면 다른 사람들이 새로운 시각화 작업에 그 데이터 준비를 위한 작업물(흔히 가장 힘든 일이다!)을 사용할 수 있다.

이와는 반대로, 자신의 환경과 다를 수 있는 다른 사용자의 영역을 짐작하여 개발해서는 안 된다. 예를 들어, read.csv() 같은 함수들을 조심해야 하는데, stringsAsFactors 인자의 값이 전역 옵션인 stringsAsFactors에 따르기 때문이다. 그 값이 (기본값인) TRUE일 것으로 예상하여 사용자가 그 값을 FALSE로 설정하였다면 코드가 제대로 작동하지 않을 것이다.

파급 효과가 필요한 경우

패키지에 파급 효과가 필요한 경우도 있다. 자신의 패키지가 외부 시스템과 연계되어야 하는 경우가 가장 일반적인데, 이럴 때는 패키지를 로드하는 초기에 설정을 해야 한다. 이렇게 하기 위해 사용할 수 있는 .onLoad()와 .onAttach()라는 특별한 함수 두 개가 있다. 이 두 함수는 패키지를 로드하여 부착할 때 호출된다. 이 두 함수의 차이에 대해서는 8장에서 다룰 것이다. 지금은 명백히 다른 필요가 있지 않는 한 .onLoad()를 사용해야 한다.

.onLoad()와 .onAttach()의 공통적인 사용 예는 다음과 같다.

- 패키지를 로드할 때 정보 전달을 위한 메시지 표시하기. 사용 환경을 명확히 하거나 유용한 팁을 나타낼 수 있다. 시작 메시지는 .onLoad() 대신에 .onAttach()를 사용해야 하는 곳이다. 시작 메시지를 표시하기 위해서는 message()가 아니라 항상 packageStartupMessage()를 사용하라(suppressPackageStartupMessages()가 선택적으로 패키지 시작 메시지를 표시하지 못하도록 한다).

```
.onAttach <- function(libname, pkgname) {
  packageStartupMessage("Welcome to my package")
}
```

- options()로 자신의 패키지에 사용자 정의된 옵션 설정하기. 다른 패키지와의 충돌을 피하기 위해서 옵션 이름 앞에 자신이 개발하는 패키지 이름을 붙여야 한다. 또한, 사용자가 이미 설정한 옵션과 중복되지 않도록 주의해야 한다.

devtools에 유용한 옵션을 설정하기 위해 다음의 코드가 사용되었다.

```
.onLoad <- function(libname, pkgname) {
  op <- options()
  op.devtools <- list(
    devtools.path = "~/R-dev",
    devtools.install.args = "",
    devtools.name = "Your name goes here",
    devtools.desc.author = 'person("First", "Last",
      "first.last@example.com", role = c("aut", "cre"))'
    devtools.desc.license = "What license is it under?",
    devtools.desc.suggests = NULL,
    devtools.desc = list()
  )
  toset <- !(names(op.devtools) %in% names(op))
  if(any(toset)) options(op.devtools[toset])

  invisible()

}
```

이렇게 하고 나면 devtools 함수는 getOption("devtools.name")을 사용하여 패키지 저자의 이름을 가져오거나 민감한 기본값이 이미 설정되어 있음을 알 수 있다.

- 다른 프로그래밍 언어와 R 연결하기. 예를 들어, .jar 파일과 통신하기 위해 rJava를 사용한다면 rJava::.jpackage()를 호출해야 한다. Rcpp 모듈을 이용하여 R의 참조 클래스로 C++ 클래스를 사용할 수 있게 하려면 Rcpp::loadRcppModules()를 호출한다.

- tools::vignetteEngine()으로 비네트 엔진 등록하기

사례에서 볼 수 있듯이, .onLoad()와 .onAttach()는 libname과 pkgname의 두 가지 인자로 호출된다. 이 두 인자는 거의 사용되지 않는다(library.dynam()으로 컴파일된 코드를 로드할 필요가 있을 때부터의 유산이다). 이것들은 패키지가 설치된 곳의 경로(즉, 라이브러리를 뜻함)와 패키지 이름을 제공한다.

.onLoad()를 사용한다면 파급 효과를 무효화하기 위해 .onUnload() 사용을 고려해 보라. 전통적으로 .onLoad() 계열 함수들은 zzz.R이라는 파일에 저장하였다(.First.lib()와 .Last.lib()는 .onLoad()와 .onUnload()의 구버전으로 더는 사용되지 않는다).

S4 클래스, 제너릭, 그리고 메서드

다른 유형의 파급 효과로 S4 클래스, 메서드 그리고 제너릭(generics)을 정의하는 경우가 있다. R 패키지는 이들 파급 효과를 파악하여 패키지를 로드할 때 재현할 수 있지만, 올바른 순서로 호출할 필요가 있다. 예를 들어, 메서드를 정의하기 전에 제너릭과 클래스 둘 모두를 정의해야만 한다. 이를 위해서는 R 파일이 모두 특정한 순서의 소스로 제공되어야 한다. 이 순서는 **DESCRIPTION**의 Collate 필드로 제어된다. 이에 대해서는 62쪽의 'S4' 절에서 보다 자세히 다룬다.

CRAN 노트

CRAN에 패키지를 제출할 계획이라면 .R 파일에 반드시 아스키(ASCII) 문자만 사용해야 한다. 문자열에 유니코드 문자를 사용하는 것도 가능하지만, 특별한 유니코드(unicode) 이스케이프 형식(예를 들어, "\u1234")을 따라야 한다. 이렇게 하는 가장 쉬운 방법은 다음과 같이 stringi::stri_escape_unicode()를 사용하는 것이다.

```
x <- "This is a bullet •"
y <- "This is a bullet \u2022"
identical(x, y)
#> [1] TRUE

cat(stringi::stri_escape_unicode(x))
#> This is a bullet \u2022
```

 각 장은 CRAN에 자신의 패키지를 제출하는 데 도움이 되는 몇 가지 힌트를 포함하고 있다. 만약 CRAN에 제출할 계획이 없다면 이런 노트를 무시해도 좋다.

패키지 메타데이터

DESCRIPTION 파일은 패키지의 중요한 메타데이터를 저장하기 위해 사용한다. 패키지를 처음 작성하기 시작할 때, 그리고 작성 중인 패키지를 실행하기 위해 필요한 패키지를 기록하기 위해서 이 메타데이터를 사용할 것이다. 그러나 시간이 흘러 다른 사람들에게 자신의 패키지를 공유하기 시작하면, 어떤 사람이던 그 패키지를 사용할 수 있고, 문제가 있을 때 누구(바로 그 당신이다!)에게 연락해야 하는지를 정하기 때문에 메타데이터 파일이 매우 중요해진다.

모든 패키지에는 DESCRIPTION 파일이 있어야만 한다. 사실, 이 파일은 패키지 정의 기능을 한다(RStudio와 devtools는 DESCRIPTION이 있는 디렉터리를 패키지로 간주한다). 시작하면서 devtools::create("mypackage")가 기초적인 DESCRIPTION 파일을 자동으로 추가한다. 이렇게 하면 필요할 때까지 메타데이터에 대한 걱정 없이 패키지 작성을 시작할 수 있다. 최소한의 설명은 자신의 설정에 따라 다르겠지만 다음과 같아야 한다.

```
Package: mypackage
Title: What The Package Does (one line, title case required)
Version: 0.1

Authors@R: person("First", "Last", email = "first.last@example.com",
                  role = c("aut", "cre"))
Description: What the package does (one paragraph)
Depends: R (>= 3.1.0)
License: What license is it under?
LazyData: true
```

(많은 수의 패키지를 작성 중이라면 devtools.desc.author, devtools.desc.license, devtools.desc.suggests, 그리고 devtools.desc를 이용하여 전역 옵션을 설정할 수 있다. 보다 자세한 내용은 package?devtools로 도움말을 살펴보라.)

DESCRIPTION은 DCF(Debian Control Format)라는 단순한 파일 형식을 사용한다. 여기에서 보여주는 간단한 사례로 그 구조의 대부분을 이해할 수 있다. 각 술은 콜론으로 구분된 필드 이름과 값으로 구성된다. 값이 여러 줄에 걸치면 들여쓰기를 해야 한다.

```
Description: The description of a package is usually long,
    spanning multiple lines. The second and subsequent lines
    should be indented, usually with four spaces.
```

이 장은 가장 중요한 Description 필드의 사용 방법에 대해 알려줄 것이다.

의존성: 패키지가 필요로 하는 것은 무엇인가?

패키지가 작동하는 데 필요한 패키지를 나열할 때는 Description을 사용한다. R은 잠재적 의존성을 기술하는 다양한 방법을 가지고 있다. 예를 들어, 다음은 자신의 패키지가 작동할 때 ggvis와 dplyr 둘 모두가 필요함을 나타낸다.

```
Imports:
    dplyr,
    ggvis
```

반면, 다음은 자신의 패키지가 ggvis와 dplyr을 활용할 수 있지만, 작동을 위해 필요한 것은 아니라는 것을 나타낸다.

```
Suggests:
    dplyr,
    ggvis,
```

Imports와 Suggests 둘 모두 쉼표로 구분된 패키지 목록을 취한다. 철자순으로 한 줄에 패키지 하나를 입력하는 것이 좋다. 이렇게 하는 것이 빠르게 훑어보기 쉽다.

Imports와 Suggests는 그 의존성의 강도가 다르다.

- Imports

  Imports에 나열된 패키지는 자신의 패키지가 작동할 때 **반드시** 제공되어야 한다. 사실, 사전에 그 패키지가 설치되어 있지 않았다면 자신의 패키지가 설치될 때 컴퓨터에 설치될 것이다(devtools::load_all()가 그 패키지들이 설치되었는지를 확인하기도 한다).

  여기에 패키지 의존성을 추가하면 빠짐없이 그 의존성 패키지를 설치할 것이다. 그러나 이것은 자신의 패키지를 따라 부착되는 것(즉, library(x))을 의미하는 것은 **아니다**. 가장 좋은 방법은 package::function() 문법을 이용하여 외부 함수를 명시적으로 참조하는 것이다. 이런 명시적 참조를 이용하면 어느 함수가 자신의 패키지에 있지 않은 것인지 쉽게 식별할 수 있다. 이 방법은 나중에 자신의 코드를 자기가 읽을 때 특히 유용하다.

  이 방법은 다른 패키지의 함수들을 많이 사용하는 경우 장황하다. 게다가, ::에 따르는 작은 성능 저하 문제도 있다(한 5μs 정도의 속도로 감소하는 것으로 수백만 번의 함수 호출을 할 경우에만 문제가 된다). 다른 패키지의 함수를 호출하는 대안적 방법에 대해서는 106쪽의 'Imports' 절에서 다룬다.

- Suggests

  자신의 패키지가 여기서 제안되는 패키지를 사용할 수 있지만, 필수적인 것은 아니다. 테스트를 실행하고 비네트를 빌드하기 위해서는 예제 데이터 세트에 제안된 패키지를 사용하거나 그 패키지를 필요로 하는 함수가 단지 하나일 수도 있다.

  Suggests에 나열된 패키지는 자신의 패키지를 따라 자동으로 설치되지 않는다. 이것은 그 패키지를 사용하기 전에 사용 가능 여부를 확인할 필요가 있음을 의미한다(requireNamespace(x, quietly = TRUE)를 사용하라). 다음과 같은 두 가지 경우를 예상해 볼 수 있다.

```
# 다음 함수에 제안된 패키지가 필요하다.
my_fun <- function(a, b) {
  if (!requireNamespace("pkg", quietly = TRUE)) {
    stop("Pkg needed for this function to work. Please install it.",
      call. = FALSE)
  }
}

# 그 패키지를 사용할 수 없으면 폴백(fallback) 메서드를 사용할 수 있다.
my_fun <- function(a, b) {
  if (requireNamespace("pkg", quietly = TRUE)) {
    pkg::f()
  } else {
```

```
        g()
    }
}
```

로컬 환경에서 패키지를 개발할 때는 Suggests를 사용할 필요가 없다. 자신의 패키지를 공개할 때는 Suggests를 사용하는 것이 자신의 패키지를 사용하는 사용자에 대한 예의이다. 거의 사용되지 않는 패키지를 다운로드하지 않도록 할 수 있고, 개발한 패키지를 그 사용자들이 가능한 빨리 시작할 수 있다.

Imports와 Suggests를 자신의 패키지에 추가하는 가장 쉬운 방법은 devtools::use_package()를 이용하는 것이다. 이 함수는 자동으로 **DESCRIPTION**의 올바른 위치에 이 두 인자를 삽입하고 그 사용 방법을 알려준다. 예를 들면 다음과 같다.

```
devtools::use_package("dplyr") # 불러오는 기본값
#> Adding dplyr to Imports
#> Refer to functions with dplyr::fun()
devtools::use_package("dplyr", "Suggests")
#> Adding dplyr to Suggests
#> Use requireNamespace("dplyr", quietly = TRUE) to test if package is
#>  installed, then use dplyr::fun() to refer to functions.
```

버전 관리

특별한 버전의 패키지가 필요하다면 패키지 이름 뒤에 괄호로 그 버전을 지정한다.

```
Imports:
    ggvis (>= 0.2),
    dplyr (>= 0.3.0.1)
Suggests:
    MASS (>= 7.3.0)
```

정확한 버전을 지정(MASS (== 7.3.0))하기보다 최소 요구 버전으로 표시하는 경우가 대부분이다. R은 동시에 여러 버전의 동일한 패키지를 로드할 수 없으므로 정확하게 의존성을 지정하면 버전이 충돌하는 문제가 발생할 가능성이 크게 증가한다.

버전 관리는 자신의 패키지를 릴리스할 때 가장 중요하다. 사람들은 패키지 저자와 정확히 동일한 패키지 환경을 갖고 있지 않는 것이 일반적이다. 패키지에 필요한 함수가 없는 오래된 버전의 패키지를 가지고 있는 사용자는 도움이 되지 않는 오류 메시지를 보게 될 것이다. 그러

나 버전 번호를 제공하면 문제가 무엇인지 정확하게 알려주는, 즉 오래된 패키지라는 오류 메시지를 확인할 수 있다.

일반적으로, 필요한 버전에 대해서는 보수적으로 버전을 지정하는 것이 좋다. 그렇지 않다면 항상 현재 사용 중인 버전 이상이 필요하다.

다른 의존성

보다 특화된 의존성을 표현하는 세 가지 다른 필드가 있다.

- Depends

    R 2.14.0에서 네임스페이스를 도입하기 전에 Depends는 다른 패키지에 '의존'하는 유일한 방법이었다. 현재는 그 이름에도 불구하고 거의 항상 Depends가 아니라 Imports를 사용해야 한다. 언제 Depends를 사용하고 그렇게 사용하는 이유는 무엇인지에 대해서는 8장에서 다룰 것이다.

    Depends를 R의 특정 버전을 요구하는 데 사용할 수도 있다(예를 들어, Depends: R(>= 3.0.1)). 패키지와 마찬가지로 현재 사용하고 있는 버전 이상을 요구하여 안전하게 작동하도록 하는 것이 좋다. devtools::create()로 이렇게 할 수 있다.

    R 3.1.1 이전 버전에서 S4를 사용할 때는 Depends: methods를 사용해야 했다. 이 버그는 R 3.2.0에서 수정되어, 메서드는 해당 메서드가 속한 Imports에서 사용할 수 있게 되었다.

- LinkingTo

    여기에 나열된 패키지들은 다른 패키지의 C 또는 C++ 코드에 의존적이다. 10장에서 LingkingTo에 대해 더 자세히 알아볼 수 있다.

- Enhances

    여기에 나열된 패키지들은 자신의 패키지에 의해 '강화'된다. 전형적으로 다른 패키지에서 정의된 클래스의 메서드를 제공한다는 의미이다(일종의 역 Suggests). 그러나 이것이 의미하는 바를 정의하기 쉽지 않으므로 Enhances 사용을 권장하지는 않는다.

SystemRequirements 필드에서 패키지에 필요한 R 외부의 것들을 나열할 수도 있다. 그러나 이것은 단지 단순 텍스트 필드이므로 자동으로 확인되지는 않는다. 이것을 빠른 참조처럼 생각하라. 즉, README에 세부적인 시스템 요구사항(과 그것을 설치하는 방법)도 포함해야 할 수 있다.

Title과 Description: 자신이 만든 패키지가 하는 역할은 무엇인가?

title과 description 필드는 패키지 역할을 기술한다. 이 둘은 단지 길이에만 차이가 있다.

- Title은 패키지에 대한 한 줄짜리 설명으로, 흔히 패키지 목록에 나타난다. Title은 (마크업이 없는) 단순 텍스트이어야 하며, 헤드라인 스타일의 대소문자 표기를 따른다. 즉, 마침표로 끝내지 않는다. 목록은 흔히 제목을 65자로 한정하므로 짧게 써야 한다.

- Description은 title보다 더 자세하다. 여러 문장으로 할 수 있지만, 한 문단으로 한정해야 한다. 자신의 설명이 여러 줄에 걸친다면(그래야 한다!), 각 줄은 80자를 넘지 않도록 한다. 이어지는 줄은 여백 네 개로 들여쓰기해야 한다.

ggplot2의 Title과 Description은 다음과 같다.

```
Title: An implementation of the Grammar of Graphics
Description: An implementation of the grammar of graphics in R. It combines
    the advantages of both base and lattice graphics: conditioning and shared
    axes are handled automatically, and you can still build up a plot step
    by step from multiple data sources. It also implements a sophisticated
    multidimensional conditioning system and a consistent interface to map
    data to aesthetic attributes. See the ggplot2 website for more information,
    documentation and examples.
```

특히, 자신의 패키지를 CRAN에 릴리스하려고 한다면, title과 description이 CRAN 다운로드 페이지에 나타나기 때문에 더 중요해진다(그림 4-1).

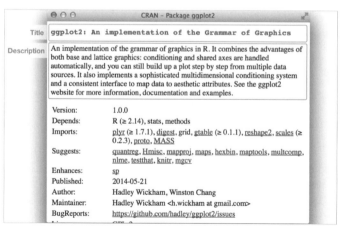

그림 4-1 ggplot2의 CRAN 다운로드 페이지

Description은 패키지 역할을 설명하기 위해 작은 공간을 제공할 뿐이므로 보다 자세한 사항과 몇 가지 사례를 보여주는 README.md 파일을 추가하는 것이 좋다. 199쪽에서 'README.md'에 대해 알아볼 것이다.

Author: 저자는 누구인가?

패키지 저자와 무언가 잘못되었을 때 연락할 사람을 식별하기 위해서는 Authors@R 필드를 사용하라. 이 필드는 단순 텍스트 보다는 실행 가능한 R 코드를 포함하기 때문에 일반적이지는 않다. 다음의 사례를 살펴보라.

```
Authors@R: person("Hadley", "Wickham", email = "hadley@rstudio.com",
  role = c("aut", "cre"))
person("Hadley", "Wickham", email = "hadley@rstudio.com",
  role = c("aut", "cre"))
## [1] "Hadley Wickham <hadley@rstudio.com> [aut, cre]"
```

위의 명령은 저자(aut)와 유지관리자(cre)가 Hadley Wickham이라는 것을 말하며, 그 이메일 주소는 hadley@rstudio.com이다. person() 함수는 네 가지 중요한 인자를 가진다.

- 처음 두 인자인 given과 family로 지정되는 이름(이 둘은 보통 이름이 아니라 위치로 매핑된다). 서구에서 given(이름)은 family(성) 앞에 오지만, 이러한 관습이 동양의 많은 나라에서는 유효하지 않다.

- email 인자는 이메일 주소에 사용한다.

- 역할을 지정하는 세 글자의 코드. 중요한 역할이 네 가지 있다.

  cre

    작성자 또는 유지관리자. 자신의 문제를 해결하기 위해 괴롭혀야 하는 사람.

  aut

    저자. 패키지에 중요한 기여를 한 사람.

  ctb

    기여자. 패치를 제공하는 등의 작은 기여를 한 사람.

cph

> 저작권자. 저작권이 저자가 아닌 다른 누군가(전형적으로 기업, 즉 저자의 고용주)에게 귀속되어 있는 경우에 사용.
>
> (역할의 전체 목록(https://bit.ly/1PQFKdX)은 극도로 포괄적이다. 자신의 패키지에 사람들의 역할을 쉽고 올바르게 설명하기 위해 나무꾼(wdc), 작사가(lyr), 또는 의상 디자이너(cst)가 있을 수 있다.)

보다 많은 역할 분류가 필요하다면 comment 인자를 이용하여 단순 텍스트로 원하는 정보를 제공할 수 있다.

c()로 여러 명의 저자를 입력할 수 있다.

```
Authors@R: c(
    person("Hadley", "Wickham", email = "hadley@rstudio.com", role = "cre"),
    person("Winston", "Chang", email = "winston@rstudio.com", role = "aut"))
```

다른 방법으로, as.person()을 사용하여 이를 간단하게 할 수 있다.

```
Authors@R: as.person(c(
    "Hadley Wickham <hadley@rstudio.com> [aut, cre]",
    "Winston Chang <winston@rstudio.com> [aut]"
  ))
```

(이렇게 하는 것은 성과 이름이 겹치지 않는(고유한) 경우에만 잘 작동한다.)

모든 패키지는 최소한 한 명의 저자(aut)와 한 명의 유지관리자(cre)를 가져야 하고, 이 둘은 동일인일 수도 있다. 작성자는 이메일 주소가 있어야 한다. 이 필드들은 패키지를 인용하는 기본 정보를 만드는 데 사용된다(예를 들어, citation("pkgname")). 저자로 나열된 사람들은 자동 생성된 인용문에 포함된다. 다른 사람이 작성한 코드를 포함한다면 몇 가지 세부적인 추가 사항이 필요하다. C 라이브러리를 래핑(wrapping)할 때 이런 것들이 필요한데, 이에 대해서는 10장에서 다룰 것이다.

자신의 이메일 주소 외에 도움이 될 만한 다른 정보들을 목록에 추가하는 것이 좋다. URL에는 URL들을 나열할 수 있다. 여러 URL은 쉼표로 구분한다. BugReports는 버그 리포트를 제공받는 URL이다. 예를 들어, knitr의 경우는 다음과 같다.

```
URL: http://yihui.name/knitr/
BugReports: https://github.com/yihui/knitr/issues
```

Maintainer와 Author 필드를 구분하여 사용할 수도 있다. 이들 필드가 권장할 만한 것은 아닌데, 왜냐하면 Authors@R이 보다 풍부한 메타데이터를 제공하기 때문이다.

CRAN에서 필요로 하는 것

주의해야 할 가장 중요한 것은 자신의 이메일 주소(즉, cre의 주소)가 패키지 관련하여 작성자와 연락하기 위해 CRAN이 사용할 주소라는 것이다. 그 이메일 주소가 한동안 계속 사용할 것인지를 확인하라. 또한, 그 이메일 주소는 자동화된 메일링에도 사용될 것이므로 CRAN 정책[1]은 (메일링 리스트가 아니라) 개인의 주소일 것과 인증이나 메일 필터링 기능 등을 사용하지 않기를 권장한다.

라이선스: 패키지를 사용할 수 있는 사람은 누구인가?

License 필드는 GPL-2 또는 BSD처럼 오픈 소스 라이선스[2]의 표준적 축약어나 file LICENSE처럼 보다 많은 정보를 담고 있는 파일을 가리키는 것으로 할 수 있다. 라이선스는 자신의 패키지를 릴리스할 계획인 경우에만 중요하다. 그렇지 않다면 이 절을 무시해도 좋다. 자신의 패키지가 오픈 소스가 아니라는 것을 명확히 하고자 한다면, License: file LICENSE를 사용하고 난 후, 예를 들어 다음과 같은 **LICENSE**라는 파일을 만들도록 하라.

```
Proprietary

Do not distribute outside of Widgets Incorporated.
```

오픈 소스 소프트웨어 라이선스는 다양하고 복잡한 분야이다. 다행이 R 패키지에 고려할 만한 라이선스는 세 가지 정도이다.

---

1 옮긴이 CRAN 레포지토리 정책 문서는 다음의 링크에서 찾아볼 수 있다. https://cran.r-project.org/web/packages/policies.html

2 옮긴이 오픈 소스 라이선스란 오픈 소스 소프트웨어 사용에 대한 계약이라고 할 수 있다. 이런 오픈 소스 라이선스에 대해서는 https://opensource.org에서 다양한 내용을 찾아볼 수 있다.

MIT

BSD 2 및 3항과 유사한 간단하고 관대한 라이선스이다. 이 라이선스에 따르면 코드와 함께 항상 라이선스가 표기되어야 한다는 하나의 제약을 제외하고 자신의 코드를 사람들이 자유롭게 사용하고 릴리스할 수 있다. MIT 라이선스는 템플릿이어서, 그대로 사용한다면 다음과 같은 **LICENSE** 파일을 포함한 License: MIT + file LICENSE가 필요하다.

```
YEAR: <Year or years when changes have been made>
COPYRIGHT HOLDER: <Name of the copyright holder>GPL-2 또는 GPL-3
```

GPL-2 혹은 GPL-3

이 라이선스는 카피레프트(copy-left)[3] 라이선스이다. 이것은 번들 형태의 코드를 릴리스하려면 전체 번들이 GPL과 호환되도록 해야 함을 의미한다. 추가적으로 자신의 코드를 수정(파생 저작물: derivative works)하여 릴리스하려는 사람은 그 소스 코드를 사용할 수 있게 해야 한다. GPL-3는 GPL-2보다 조금 더 엄격한 것으로, 이전의 허점을 보완하고 있다.

CC0

CC0 라이선스는 코드와 데이터에 대한 모든 권리를 포기하므로 어떤 목적으로든 누구든지 자유롭게 사용할 수 있다. 때로 공공 영역(public domain)에 넣는다고 하기도 하는데, 이 용어가 모든 국가에서 잘 정의되거나 의미 있는 것은 아니다. 이 라이선스는 데이터 패키지에 가장 적합하다. 최소한 미국에서는 데이터에 저작권을 주장할 수 없으므로 많은 것을 포기하는 것은 아니다. 결국, 이 라이선스는 이러한 점을 분명히 하고 있는 것이다.

다른 일반적인 라이선스에 대해 더 알고 싶다면 GitHub의 chooosealicense.com이 시작하기에 좋다. 각 라이선스에서 중요한 부분을 설명하고 있는 tldrlegel.com도 라이선스에 대해 공부하는 데 도움이 된다. 여기에서 언급한 세 가지 라이선스 이외의 다른 라이선스를 사용하고 있다면 〈R 확장 프로그램 작성하기〉 매뉴얼의 라이선싱(https://bit.ly/2R0ggof)에 대한 내용을 충분히 살펴보길 바란다.

자신의 패키지에 다른 사람의 코드가 포함되어 있다면, 그 코드가 사용하고 있는 라이선스를 준수하고 있는지를 확인해야 한다. C 소스 코드를 포함하는 경우가 이에 대한 가장 빈번한 사례인데, 이에 대해서는 10장에서 보다 자세히 다룬다.

---

3 옮긴이 카피레프트란, 독점적인 의미의 저작권(카피라이트, copyright)에 반대되는 개념이며, 저작권에 기반을 둔 사용 제한이 아니라 저작권을 기반으로 한 정보의 공유를 위한 조치이다. 보다 자세한 내용은 다음의 링크를 참고하기 바란다. https://ko.wikipedia.org/wiki/카피레프트

CRAN에서 인정하는 라이선스

자신의 패키지를 CRAN에 공개하려 한다면 표준적인 라이선스를 적용해야 한다. 그렇지 않으면 자신의 패키지가 릴리스하기에 법적인 문제가 없는지 CRAN에서 판단하기 어렵다. CRAN이 유효한 것으로 간주하는 라이선스 목록은 https://svn.r-project.org/R/trunk/share/licenses/license.db에서 찾아볼 수 있다.

버전

형식적으로 R 패키지 버전은 '.' 또는 '-'로 구분된 두 정수로 된 연속된 수이다. 예를 들어, 1.0과 0.9.1-10은 유효한 버전이지만, 1 또는 1.0-devel은 그렇지 않다. numeric_version으로 버전 번호를 파싱할 수 있다.

```
numeric_version("1.9") == numeric_version("1.9.0")
#> [1] TRUE
numeric_version("1.9.0") < numeric_version("1.10.0")
#> [1] TRUE
```

예를 들어, 패키지 버전이 1.9 버전일 수 있다. 이 버전 표기는 R이 1.9.0과 동일하거나 1.9.2보다 작고, 이들 모두가 1.10보다는 작게 된다("일-점-일-영"이라고 하지 않고 "일-점-십"이라고 한다). R은 버전 번호로 패키지 의존성이 만족되는지 여부를 판단한다. 예를 들어, 패키지가 devtools (>= 1.9.2)를 불러올 수 있는데, 이 경우 1.9나 1.9.0은 작동하지 않는다.

자신의 패키지 버전 번호는 추후의 연속적인 패키지 릴리스에 따라 증가하지만, 그 증가분이 일정하지 않을 수 있다. 패키지의 릴리스에 따라 버전 번호가 높아지는 방식으로 패키지에 어떤 종류의 변화가 있었는지에 대한 정보를 전달할 수 있다.

R의 유연성을 최대한 이용하는 것은 좋지 않다. 대신, 버전 번호를 구분하기 위해 항상 '.'을 사용하라.

> **릴리스 버전(relased version)**은 <major>.<minor>.<patch>의 세 개의 수로 구성된다. 1.9.2에서 1은 메이저 버전이며, 9는 마이너 버전이고, 2는 패치 버전을 나타낸다. 1.0과 같은 버전 표기는 사용하지 말고, 대신 항상 세 가지로 구성된 버전을 사용하라(즉, 1.0.0).

개발 중인 패키지(in-development package)는 네 가지의 구성요소를 가진다. 즉, 개발 버전이 추가된다. 개발 버전은 9000에서 시작한다. 예를 들어, 패키지의 첫 번째 버전은 0.0.0.9000이어야 한다. 이렇게 하는 데에는 두 가지 이유가 있다. 첫째, 패키지가 릴리스되었거나 개발 중인지를 쉽게 알 수 있게 하고, 둘째, 네 번째 위치를 사용하는 것은 다음 버전을 어떻게 표시할지에 제약받지 않는다는 것을 의미한다. 0.0.1, 0.1.0, 그리고 1.0.0이 모두 0.0.0.9000보다 높은 버전이다.

다른 패키지와 의존성이 있는 중요한 기능을 추가할 때는 개발 버전을 높인다(예를 들어, 9000에서 9001).

svn[4]을 사용하고 있다면 임의의 9000을 사용하는 대신, 순차적 수정 식별자를 사용할 수 있다.

여기서의 내용은 유의적 버전 관리(Semantic Versioning)[5](https://semver.org)와 X.Org(https://bit.ly/2GOYD64) 버전 관리 스키마에 영감을 받아 작성된 것이다. 많은 오픈 소스 프로젝트에 사용되는 버전 관리 표준에 대해 보다 자세히 이해하고자 한다면 해당 문서를 살펴보라.

'버전 번호'(190쪽) 절에서 자신의 패키지를 릴리스한다는 맥락에서 버전 번호에 대해 다시 다룰 것이다. 여기서는 단지 자신의 패키지 버전이 0.0.0.9000이어야 한다는 점만 기억하라.

다른 구성요소

다른 여러 필드가 이 책의 여러 곳에서 기술되고 있다.

- **Collate**는 R 파일이 소스로 사용되는 순서를 제어한다. 순서가 문제가 되는 경우는 오로지 자신의 코드가 파급 효과를 가지는 경우뿐이다(주로 S4를 사용하기 때문에 발생하는 경우가 대부분이다). 이에 대해서는 62쪽의 'S4' 절에서 보다 깊게 다룬다.

---

4 〔옮긴이〕 서브버전(Apache Subversion)은 Git과 같은 버전 관리 시스템 중 하나이다. 자유 소프트웨어 프로젝트 중 하나로 명령행 인터페이스에서 사용하는 명령어를 따서 'SVN'이라고 줄여서 부르기도 한다. 제한이 있던 CVS를 대체하기 위해 2000년부터 콜랩넷에서 개발되어 현재는 아파치 최상위 프로젝트 중 하나이다. 출처: https://ko.wikipedia.org/wiki/서브버전

5 〔옮긴이〕 특정 시점의 소프트웨어 상태에 대해 식별 가능한 유일한 이름을 지정하는 것을 의미하는 소프트웨어 버전은, 개발하는 소프트웨어의 규모가 커지고 외부 라이브러리를 많이 사용할수록 의존성 문제가 심각해진다. 유의적 버전은 이런 의존성 문제를 해결하고자 나온 라이브러리의 버전 명시 규칙과 요구 사항이다. 참고 자료: 유의적 버전 2.0.0-ko2 https://semver.org/lang/ko

- LazyData로 자신의 패키지에 있는 데이터에 쉽게 접근할 수 있다. 이것은 매우 중요하므로 devtools로 생성된 최소한의 설명에 포함된다. 이에 대해서는 9장에서 보다 자세히 다룬다.

실제로는 거의 사용되지 않는 필드도 많이 있다. 전체 목록은 〈R 확장 프로그램 작성하기〉 매뉴얼의 'The DESCRIPTION file' 절에서 찾아볼 수 있다. 메타데이터를 추가하기 위해 사용자 스스로 자신만의 필드를 만들 수도 있다. 유일한 제약은 기존의 이름을 사용할 수 없다는 것인데, 즉 CRAN에 제출할 계획이라면 자신이 사용하는 이름이 유효한 영어 단어이어야 한다 (따라서 맞춤법 검사 주의 표시가 생성되지 않는다).

CHAPTER

5

객체 문서화

문서는 좋은 패키지가 가져야 할 가장 중요한 측면 중 하나이다. 문서가 제대로 되어 있지 않다면 사용자늘은 자신의 패키지를 어떻게 사용할지 알지 못할 것이다. 또한, 문서는 '미래의 나 자신'(자신이 만든 함수가 어떤 역할을 할 것인지 기억)과 다른 개발자들이 자신의 패키지를 확장하는 데 유용하다.

다양한 형태의 문서가 가능하다. 이 장에서는 ? 또는 help()로 접근할 수 있는 객체 문서에 대해 다룰 것이다. 객체 문서는 참조 문서 유형 중 하나이다. 이 문서는 사전처럼 동작한다. 즉, 사전이 어떤 단어가 의미하는 바를 알고자 할 때 도움이 되는 반면, 새로운 상황에 대한 올바른 단어를 찾는 데 도움이 되지 않는 것과 같다. 이와 유사하게 객체 문서는 객체의 이름을 이미 알고 있을 때는 도움이 되지만, 주어진 문제를 해결하기 위해 필요한 객체를 찾을 때 도움이 되는 것은 아니다. 이와 같은 역할은 비네트(vignette)의 역할 중 하나인데, 이에 대해서는 다음 장에서 다룰 것이다.

R은 패키지 객체를 문서화하는 표준적인 방법을 제공한다. 즉 .Rd 파일을 man/ 디렉터리에 작성하는 것이다. 이 파일은 LaTex[1]을 약간 수정한 구문을 사용하며, HTML, 단순 텍스트, 그리고 PDF로 출력되도록 렌더링(rendering)된다. 여기에서는 직접 이러한 파일을 작성하는 것이 아니라, 특수한 형식의 주석을 .Rd 파일로 변환하는 roxygen2를 사용할 것이다. roxygen2

---

[1] 옮긴이 레이텍스나 라텍스가 아니라 레이텍 또는 라텍으로 발음한다.

의 목표는 가능한 쉽게 자신의 코드를 문서화하는 것이다. 이러한 방식은 직접 .Rd 파일을 작성하는 것에 비해 다음과 같은 매우 큰 이점을 지닌다.

- 코드와 문서가 혼재되어 있으므로 코드를 수정할 때 문서 업데이트도 상기된다.
- roxygen2는 문서화한 객체를 동적으로 검사하므로 직접 작성해야 할 상용구들을 건너뛸 수 있다.
- 다양한 유형의 객체를 문서화할 때의 차이를 추상화하므로 세부 사항에 대해 적게 알아도 된다.

roxygen2는 .Rd 파일을 생성할 뿐만 아니라, **NAMESPACE**와 **DESCRIPTION**의 Collate 필드도 관리할 수 있다. 이 장은 .Rd 파일과 Collate 필드에 대해 다루고 있다. 8장에서는 **NAMESPACE**를 관리하기 위해 roxygen2를 사용하는 방법과 여기서의 주의 사항에 대해 설명한다.

문서화 워크플로

이 절에서는 우선 전반적인 문서화 워크플로를 대략적으로 살펴볼 것이다. 그런 후, 각 단계를 깊게 살펴본다. 다음의 네 단계가 있다.

1. roxygen 주석을 .R 파일에 추가한다.
2. roxygen 주석을 .Rd 파일로 변환하기 위해 devtools::document()를 실행한다(또는 RStudio에서 Ctrl/Cmd+Shift+D를 입력).
3. 문서 미리보기를 위하여 ?를 실행한다.
4. 원하는 형태로 보일 때까지 문서 가다듬기를 반복한다.

roxygen 주석을 소스 파일에 추가하면서 프로세스가 시작된다. 즉, roxygen 주석은 일반적인 주석과 구분하기 위해 #'으로 시작한다. 다음의 간단한 함수 문서화 사례를 참고하라.

```
#' Add together two numbers.
#'
#' @param x A number.
#' @param y A number.
#' @return The sum of \code{x} and \code{y}.
```

```
#' @examples
#' add(1, 1)
#' add(10, 1)
add <- function(x, y) {
  x + y
}
```

Ctrl/Cmd+Shift+D(또는 devtools::document())는 다음과 같은 **add.Rd** 파일을 **man/**에 생성한다.

```
% Generated by roxygen2 (4.0.0): do not edit by hand
\name{add}
\alias{add}
\title{Add together two numbers}
\usage{
add(x, y)
}
\arguments{
  \item{x}{A number}

  \item{y}{A number}
}
\value{
The sum of \code{x} and \code{y}
}
\description{
Add together two numbers
}
\examples{
add(1, 1)
add(10, 1)
}
```

.Rd 포맷은 기본적으로 LaTex에 기반하고 있기 때문에 LaTex 사용 경험이 있다면 익숙해 보일 것이다. **.Rd** 포맷에 대해 더 알고 싶다면 〈R 확장 프로그램 작성하기〉 매뉴얼에서 찾아볼 수 있다. 코드로 생성된 파일 최상단의 주석에 주의해야 하는데, 수정해서는 안 된다. 사실, roxygen2을 사용한다면 이 파일을 살펴볼 필요는 거의 없다.

R에서 ?add, help("add"), 또는 example("add")를 입력하면 \alias("add")가 포함된 **.Rd** 파일을 검색한다. 그런 후에 파일을 파싱하여 HTML로 변환하여 보여준다. RStudio에서 그 결과가 어떻게 보이는지 그림 5-1에서 확인할 수 있다.

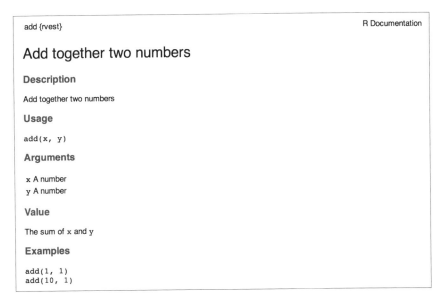

Add together two numbers

Description

Add together two numbers

Usage

```
add(x, y)
```

Arguments

x A number
y A number

Value

The sum of x and y

Examples

```
add(1, 1)
add(10, 1)
```

그림 5-1 **RStudio에서 제공되는 것과 같은 add()에 대한 마지막 렌더링 문서**

devtools는 소스 패키지와 함께 작동하는 방식을 알려주기 위해 일반적인 help 함수를 덮어 쓰므로 개발 버전의 문서를 미리 볼 수 있다. 문서가 나타나지 않으면 devtools를 사용하고 있는지, 그리고 devtools::load_all()을 실행하였는지 확인해 보라.

대안적 문서화 워크플로

첫 번째 문서화 워크플로는 매우 빠르지만, 한 가지 제약이 있다. 즉, 미리보기 버전의 어떤 문서 페이지도 페이지 간 링크를 보여주지 않는다는 것이다. 링크를 보려면 다음의 워크플로를 따라야 한다.

1. .roxygen 주석을 .R 파일에 추가한다.

2. 빌드 영역의 🔨 Build & Reload 를 클릭하거나 Ctrl/Cmd+Shift+B를 실행한다. 이렇게 하면 업데이트한 모든 문서를 포함하여 패키지를 모두 다시 빌드하고 일반적인 라이브러리 경로에 설치한 후, R을 재시작하여 그 패키지를 다시 로드한다. 이런 방법은 느리지만 철저하다.

3. 문서를 미리 보기 위해서 ?를 실행한다.

4. 원하는 형태로 보일 때까지 문서 가다듬기를 반복한다.

이 워크플로가 작동하지 않아 보이면 RStudio의 프로젝트 옵션을 확인하라(그림 5-2). 구 버전의 devtools와 RStudio는 패키지를 다시 빌드할 때 자동으로 문서를 업데이트하지 않는다.

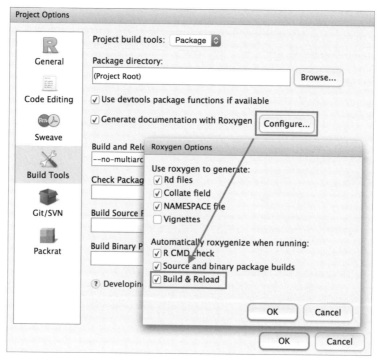

그림 5-2 RStudio의 문서화 설정

roxygen 주석

roxygen 주석은 함수 앞에서 #'로 시작한다. 함수 앞의 모든 roxygen 줄을 **블록(block)**이라고 한다. 각 줄은 코드에서와 같이 일반적으로 80자로 줄바꿈해야 한다.

블록은 **태그(tag)**로 구분되는데, @tagName details과 같다. 태그의 내용은 태그 이름의 끝 (또는 블록의 끝)에서 다음 태그의 시작까지이다. roxygen에서 @는 특수한 의미를 가지기 때문에 문서에 문자 그대로의 @를 추가하기를 바란다면 @@를 사용해야 한다(이메일 주소나 S4 객체의 슬롯에 접근하는 경우가 중요하다).

각 블록은 첫 번째 태그 이전에 얼마의 텍스트를 포함한다. (@title과 @description 태그를 사용하여 제목(title)과 설명(description)으로 구성된 '서론' 절을 명시적으로 정의하는 것이 가능하다는 점에 주의하라. 필자는 다른 많은 패키지 저자들이 그러는 것처럼 이 두 태그의 사용을 피하는 관례를 따르고 있으므로 추천하지는 않는다. 그러나 이런 태그가 존재하고 다른 패키지 작성자들의 소스 코드에서 나타날 수 있음을 알아두어야 한다.) 이를 **서론(introduction)**이라고 하는데, 이것은 특별하게 처리된다.

- 첫 번째 **문장(sentence)**은 문서의 제목이 된다. help(package = mypackage)를 볼 때 나타나는 것으로, 각 도움말 파일의 상단에 위치해 있다. 이 제목은 완전한 문장으로 한 줄로 작성해야 한다.
- 두 번째 **문단(paragraph)**은 설명이다. 즉, 문서의 처음에서 함수의 역할을 간단하게 설명해야 한다.
- 다음 세 번째 **문단들(paragraphs)**은 세부 사항을 다룬다. 즉, (흔히 장문으로) 인자 설명 후에 나타나는 절인데, 함수가 작동하는 방법에 대해 자세히 설명해야 한다.

모든 객체는 제목과 설명이 있어야 하지만, 세부 사항은 선택적이다.

다음은 sum()에 대한 서론이 roxygen으로 작성된 경우 어떤 모습인지 보여주는 사례이다.

```
#' Sum of vector elements.
#'
#' \code{sum} returns the sum of all the values present in its arguments.
#'
#' This is a generic function: methods can be defined for it directly or via the
#' \code{\link{Summary}} group generic. For this to work properly, the arguments
#' \code{...} should be unnamed, and dispatch is on the first argument.
sum <- function(..., na.rm = TRUE) {}
```

\code{}와 \link{}는 68쪽의 '텍스트 포맷 참조 시트' 절에서 다루는 포매팅(formatting) 명령이다. roxygen 블록이 80자 이하가 되도록 하는 것이 좋다. RStudio에서 Ctrl/Cmd+Shift+/(또는 메뉴에서 code ➡ re-flow comment)를 입력하면 자동으로 이 작업을 할 수 있다.

@section 태그로 임의의 절을 문서에 추가할 수 있다. 이렇게 하면 의미 있는 머리말로 길이가 긴 세부 사항 절을 여러 개의 묶음으로 나누기에 좋다. 절 제목은 콜론(:)으로 구분된 문장이어야 하며, 한 줄로 써야 한다.

```
#' @section Warning:
#' Do not operate heavy machinery within 8 hours of using this function.
```

사람들이 쉽게 도움말 파일 간 탐색을 할 수 있도록 하는 태그가 두 개 있다.

@seealso

@seealso로 웹(\url{http://www.r-project.org}), 패키지 내부(\code{\link{functioname}}), 또는 다른 패키지(\code{\link[packagename]{functioname}})와 같은 다른 유용한 자료를 가리킬 수 있다.

@family

함수군 내부의 모든 함수가 다른 모든 함수와 연결되어야 할 때는 @family를 사용하라. @family의 값은 복수이어야 한다.

sum일 경우에 이런 구성요소들은 다음과 같다.

```
#' @family aggregate functions
#' @seealso \code{\link{prod}} for products, \code{\link{cumsum}} for cumulative
#'   sums, and \code{\link{colSums}}/\code{\link{rowSums}} marginal sums over
#'   high-dimensional arrays.
```

다음의 다른 태그들은 사용자가 문서를 쉽게 찾는 데 도움이 된다.

@aliases alias1 alias2 ...

이 태그는 해당 토픽에 대한 알리아스(alias)를 추가한다. 알리아스는 ?와 사용할 수 있는 주제의 다른 이름이다.

@keywords keyword1 keyword2 ...

이 태그는 표준화된 키워드를 추가한다. 키워드는 선택적이지만, 제공된다면 `file.path(R.home("doc"), "KEYWORDS")`에 있는 미리 정의된 목록에서 취해야 한다.

일반적으로, 키워드는 `@keywords internal`을 제외하면 그다지 유용하지 않다. internal 키워드를 사용하면 패키지 인덱스에서 함수를 제거하고 테스트를 비활성화한다. 대부분의 사용자는 아니지만 패키지를 확장하는 다른 개발자가 관심을 갖는 기능에는 `@keyword internal`을 사용하는 것이 일반적이다.

다른 태그는 상황에 따라 다르다. 즉, 문서화하고 있는 객체의 유형에 기반하여 달라진다. 다음 절은 함수, 패키지, 그리고 R의 세 가지 객체지향(OO, Object-Oriented) 시스템에서 사용하는 여러 메서드, 제너릭, 그리고 객체에 가장 일반적으로 사용되는 태그에 대해 설명한다.

함수 문서화

함수는 가장 일반적으로 문서화된 객체이다. 서론 블록뿐만 아니라, 대부분의 함수는 @param, @examples, 그리고 @return이라는 세 가지 태그를 갖는다.

@param name description

이 태그는 함수의 입력 또는 파라미터를 설명한다. 설명은 파라미터의 유형에 대한 간결한 요약(예를 들어, 문자열, 수치형 벡터)과 이름으로 명확한 의미가 전달되지 않는 경우, 파라미터의 역할을 제공해야 한다.

설명은 대문자로 시작하여 완전히 마쳐져야 한다. 필요한 경우 여러 줄(또는 문단)에 걸쳐 작성할 수 있다. 모든 파라미터는 문서화되어야 한다.

한 곳에서 (여백 없이) 쉼표로 이름을 구분하여 여러 인자를 문서화할 수 있다. 예를 들어, x와 y 둘 모두를 문서화하기 위해서는 @param x,y Numric vectors처럼 작성한다.

@examples

이 태그는 실제로 함수를 사용하는 방법을 보여주는 실행 가능한 R 코드를 제공한다. 많은 사람이 예제부터 먼저 살펴보므로 이 부분은 문서에서 가장 중요한 부분이다. 예제 코드는 R CMD check의 일부분으로서 자동으로 실행되므로 오류 없이 실행되어야 한다.

설명을 위해서 오류를 유발하는 코드를 포함하는 것이 유용한 경우가 종종 있다. \dontrun{}을 사용하여 실행되지 않는 예제 코드를 포함할 수 있다(유사한 목적으로 \donttest{}를 사용하기도 했지만, 실제로는 테스트되기 때문에 더 이상 권장하지 않는다.)

문서에 직접적으로 예제를 포함하는 대신, 별도의 파일에 넣고 @exapmle path/relative/to/package/root를 사용하여 그 파일을 문서에 삽입할 수 있다. (여기의 @example 태그에 's'가 없는 점에 주의하라.)

@return description

이 태그는 함수의 출력을 설명한다. 항상 필요한 것은 아니지만, 함수가 입력에 따라 여러 유형의 출력을 반환하는 경우나 S3, S4, 또는 RC 객체를 반환하는 경우에 유용하다.

이런 새로운 태그를 이용하여 다음과 같이 sum()에 관한 문서를 개선할 수 있다.

```
#' Sum of vector elements.
#'
#' \code{sum} returns the sum of all the values present in its arguments.
#'
```

```
#' This is a generic function: methods can be defined for it directly
#' or via the \code{\link{Summary}} group generic. For this to work properly,
#' the arguments \code{...} should be unnamed, and dispatch is on the
#' first argument.
#'
#' @param ... Numeric, complex, or logical vectors.
#' @param na.rm A logical scalar. Should missing values (including NaN)
#'   be removed?
#' @return If all inputs are integer and logical, then the output
#'   will be an integer. If integer overflow
#'   \url{http://en.wikipedia.org/wiki/Integer_overflow} occurs, the output
#'   will be NA with a warning. Otherwise it will be a length-one numeric or
#'   complex vector.
#'
#'   Zero-length vectors have sum 0 by definition. See
#'   \url{http://en.wikipedia.org/wiki/Empty_sum} for more details.
#' @examples
#' sum(1:10)
#' sum(1:5, 6:10)
#' sum(F, F, F, T, T)
#'
#' sum(.Machine$integer.max, 1L)
#' sum(.Machine$integer.max, 1)
#'
#' \dontrun{
#' sum("a")
#' }
sum <- function(..., na.rm = TRUE) {}
```

두 번째와 그 다음 줄의 태그는 들여쓰는데, 이렇게 하면 문서를 스캔할 때 하나의 태그가 끝나는 위치와 다음 태그가 시작하는 위치를 쉽게 볼 수 있다. 항상 여러 줄에 걸치는 태그(예를 들어, @example)는 들여쓰기 없이 새로운 줄에서 시작해야 한다.

데이터 세트 문서화

111쪽의 '데이터 세트 문서화' 절을 참고하라.

패키지 문서화

roxygen을 사용하여 패키지 전반에 걸친 도움말 페이지를 제공할 수 있다. 여기에는 package?foo로 접근하며, 패키지의 가장 중요한 구성요소를 설명하는 데 사용할 수 있다. 이 도움말 페이지는 다음 장에서 설명한 바와 같이 비네트를 보완하는 데 유용하다.

패키지에 해당하는 객체가 없으면 NULL을 문서화한 다음, @docType package와 @name <package-name>으로 직접 라벨을 지정해야 한다. 또한, 유용한 카페고리로 페이지를 나누기 위해 @section 태그를 사용하는 것도 좋다.

```
#' foo: A package for computating the notorious bar statistic.
#'
#' The foo package provides three categories of important functions:
#' foo, bar and baz.
#'
#' @section Foo functions:
#' The foo functions ...
#'
#' @docType package
#' @name foo
NULL
## NULL
```

보통 이 문서를 <package-name>.R이라는 파일에 넣는다. 또한, 이 파일은 106쪽의 'Imports' 절에서 배우게 될 패키지 수준의 import 구문을 넣기에도 좋은 위치이다.

클래스, 제너릭, 그리고 메서드 문서화

클래스, 제너릭, 그리고 메서드를 문서화하는 것은 상대적으로 간단하다. 세부 사항은 사용하고 있는 객체 시스템에 따라 다르다. 다음 절에서는 S3, S4, 그리고 RC 객체 시스템에 대한 세부 사항을 제공한다.

S3

S3 제너릭(S3 generics)은 정규 함수이므로 그대로 문서화한다. **S3 클래스(S3 classes)**는 형식적 정의가 없으므로 생성자 함수(constructor function)를 문서화한다. **S3 메서드(S3 methods)**의 문

서화 여부는 본인의 선택이다. print() 같은 단순한 제너릭에 대한 메서드를 문서화할 필요는 없다. 그러나 메서드가 보다 복잡하거나 다른 추가적인 인자를 포함하고 있다면 그것을 문서화하여 작동하는 방법을 사람들이 쉽게 알 수 있도록 해야 한다. 베이스(base) R에서는 predict.lm(), predict.glm(), 그리고 anova.glm()과 같은 보다 복잡한 메서드에 대한 문서화 사례를 볼 수 있다.

 roxygen의 이전 버전에서는 모든 S3 메서드에 대한 명시적인 @method generic class 태그가 필요했다. 버전 3.0.0이 출신된 이후로 roxygen2가 이와 같은 작업을 자동으로 처리하므로 더 이상 필요하지 않다. 버전 업그레이드를 한다면 확실하게 이런 이전 태그들을 제거해야 한다. 자동 메서드 탐지는 제너릭과 클래스가 불분명한 경우에만 실패한다. 예를 들어, all.equal.data.frame()은 equal.data.frame 메서드인가, 아니면 all.equal에 대한 data.frame 메서드, 또는 all.equal에 대한 data.frame 메서드 중 어느 것인가? 이런 경우에 @method로 all.equal과 data.frame을 구분할 수 있다.

S4

S4 클래스 문서는 setClass() 앞에 roxygen 블록을 추가하여 작성한다. 함수의 파라미터를 설명하기 위해 @param을 사용하는 방법과 동일하게 클래스의 슬롯을 문서화하기 위해 @slot을 사용하라. 다음의 사례를 살펴보자.

```
#' An S4 class to represent a bank account.
#'
#' @slot balance A length-one numeric vector
Account <- setClass("Account",
  slots = list(balance = "numeric")
)
```

S4 제너릭도 함수이므로 다른 경우처럼 문서화한다. 그러나 **S4 메서드**는 약간 더 복잡하다. S3와는 다르게, 모든 S4 메서드는 문서화해야 한다. S4 메서드를 정규 함수처럼 문서화하더라도 각 메서드가 고유의 문서 페이지를 갖지 않기를 바랄 수 있다. 이때 메서드 문서를 다음 세 곳 중 하나에 삽입한다.

클래스에

대응하는 제너릭이 하나의 디스패치를 사용하여 클래스를 생성한 경우에 이 옵션이 가장 적절하다.

제너릭에

제너릭이 다중 디스패치를 사용하고 제너릭과 메서드 모두를 작성한 경우에는 이 옵션이 가장 적절하다.

고유의 파일에

메서드가 복잡하거나 클래스나 제너릭이 아닌 메서드를 작성하였다면 이 옵션이 가장 적절하다.

메서드 문서가 위치할 곳을 정하기 위해 @rdname이나 @describeIn을 사용하라. 이에 대한 보다 자세한 내용은 66쪽의 '동일한 파일에서 여러 함수의 문서화' 절을 살펴보라.

추가로, S4 코드가 흔히 특정한 순서로 실행되어야 한다는 점을 고려해야 한다. 예를 들어, setMethod("foo", c("bar", "baz"), ...) 메서드를 정의하기 위해서는 foo 제너릭과 두 개의 클래스가 사전에 생성되어 있어야 한다. 기본적으로 R 코드는 철자 순서로 로드되지만, 자신의 환경에 따라 작동 여부가 다르다. 철자 순서에 의존하는 것보다는 하나의 파일이 다른 파일 이전에 로드되어야 한다는 것을 지시하는, 명시적 방법(@include)을 제공하는 roxygen2을 사용하라. @include 태그는 현재 파일 이전에 로드되어야 하는 공백으로 구분된 파일 목록을 제공한다.

```
#' @include class-a.R
setClass("B", contains = "A")
```

흔히 파일의 최상단에 이 태그를 삽입하는 것이 가장 쉬운 방법이다. 이 태그를 특정 객체가 아니라 명백하게 전체 파일에 적용하기 위해서 NULL을 사용한다.

```
#' @include foo.R bar.R baz.R
NULL

setMethod("foo", c("bar", "baz"), ...)
```

roxygen은 위상적(topological) 순서를 계산하기 위해 @include 태그를 사용하는데, 이렇게 하면 필요해지기 전에 의존성을 로드하는 것을 보장한다. 그리고 나면 **DESCRIPTION** 내의 Collate 필드를 설정하는데, 이것은 기본값인 철자 순서를 덮어쓴다. @include에 대한 보다 단순한 다른 방법은 **aaa-classes.R**과 **aaa-henetics.R**에 모든 클래스와 메소드를 정의하고, 철자 순서에 따르는 것처럼 그것들의 순서에 따르는 것이다. 이렇게 할 때 가장 불편한 것은 원하는 것만큼 자연스럽게 구성요소를 파일로 구성할 수 없다는 것이다.

roxygen2의 이전 버전에서는 S4 객체 문서화를 위해 @usage, @alias, 그리고 @docType 태그를 명시적으로 요구하였다. 그러나 3.0.0 버전 이후로 roxygen2는 자동으로 올바른 값을 생성해 내어 이것들은 더 이상 필요 없다. 이전 버전을 업그레이드한다면 이들 태그를 삭제하라.

RC

참조 클래스(RC, Reference Classes)는 메서드가 제너릭이 아니라 클래스와 관련되어 있기 때문에 S3 및 S4와는 다르다. RC 또한 **docstring**이라는 문서화 메서드에 대한 특별한 규약이 있다. docstring은 그 기능을 간략하게 기술하는 메서드 정의 안에 위치한 문자열이다. 이렇게 하면 클래스당 하나의 roxygen 블록만 필요하게 되므로 RC를 S4보다 단순하게 문서화할 수 있다.

```
#' A Reference Class to represent a bank account.
#'
#' @field balance A length-one numeric vector.
Account <- setRefClass("Account",
 fields = list(balance = "numeric"),
 methods = list(
   withdraw = function(x) {
     "Withdraw money from account. Allows overdrafts"
     balance <<- balance - x
   }
 )
)
```

docstring이 있는 메서드는 클래스 문서의 'Methods' 섹션에 포함된다. 문서화된 각 메서드는 자동으로 생성된 사용 구문 및 그 docstring과 함께 나열된다. 또한, @slot 대신 @field를 사용하는 것에 주의해야 한다.

특수문자

특수문자를 최종 문서에 나타내고 싶다면 특별하게 다루어야 할 것이 세 가지 있다.

@

이 문자는 일반적으로 roxygen 태그의 시작을 나타낸다. 최종 문서에 문자 그대로의 @을 삽입하려면 @@를 사용하라.

%

이 문자는 일반적으로 그 줄의 끝까지 이어지는 LaTex의 시작을 나타낸다. 출력 문서에 문자 그대로의 %를 삽입하려면 \%를 사용하라. 예제에서는 이스케이프가 필요하지 않다.

\

이 문자는 일반적으로 LaTex 이스케이프의 시작을 나타낸다. 문서에서 문자 그대로의 \를 삽입하려면 \\를 사용하라.

반복 작업

DRY(Don't Repeat Yourself)라는 프로그래밍 원칙과 충분한 문서화에 대한 필요성 사이에 어려움을 느낄 수 있다. 필요한 모든 부분을 취합하기 위해 여러 도움말 파일을 탐색해야 하는 것은 힘든 일이다. roxygen2는 모든 것을 하나의 문서화 파일에 모으면서 소스의 반복을 피하는 두 가지 방법을 제공한다.

- @inheritParams로 파라미터 문서를 재사용하는 기능
- @describeIn 또는 @rdname으로 동일한 위치에서 여러 함수를 문서화하는 기능

다른 함수에서 파리미터 상속받기

@inheritParams source_function을 이용하여 다른 함수로부터 파라미터 명세를 상속받을 수 있다. 이 태그는 현재 함수에서 문서화되지 않았지만 소스 함수에서 문서화된 파라미터에 대한 모든 문서를 가져온다. 그 소스는 @inheritParams functon을 통한 현재 패키지의 함수, 또는 @inheritParams package::function을 통한 다른 패키지일 수 있다. 예를 들어, 다음의 문서화를 살펴보자.

```
#' @param a This is the first argument
foo <- function(a) a + 10

#' @param b This is the second argument
#' @inheritParams foo
bar <- function(a, b) {
  foo(a) * 10
}
```

위는 다음과 같다.

```
#' @param a This is the first argument
#' @param b This is the second argument
bar <- function(a, b) {
  foo(a) * 10
}
```

상속은 연결되어 있지 않다는 점에 주의하라. 다른 말로 하면, source_function은 항상
@param을 사용하여 파라미터를 정의하는 함수이어야 한다.

동일한 파일에서 여러 함수의 문서화

@rdname이나 @describeIn을 사용하여 동일한 파일에 여러 함수를 문서화할 수 있다. 그
러나 이 방법은 주의하여 사용해야 효과적인데, 한 곳에 너무 많은 함수를 문서화하면 혼란
스러울 수 있기 때문이다. 함수가 매우 비슷한 인자를 갖고 있거나 상보적인 효과(예를 들어,
open()과 close() 메서드)를 가질 때 사용해야 한다.

@describeIn은 가장 공통적인 경우를 위해 설계되었다.

- 제너릭에서 메서드 문서화하기

- 클래스에서 메서드 문서화하기

- 동일한(또는 유사한) 인자를 가진 함수 문서화하기

이 파라미터는 'Methods (by class)', 'Methods (by generic)' 또는 'Functions'라는 이름의 새로
운 섹션을 생성한다. 섹션은 각 함수를 기술하는 글머리 기호 목록을 포함하고 있다. 이 목록
에는 어떤 함수나 메서드에 대해 서술하는지 알 수 있도록 구별되어 있다. 다음은 가상의 새
로운 제너릭을 문서화하는 사례이다.

```
#' Foo bar generic
#'
#' @param x Object to foo.
foobar <- function(x) UseMethod("foobar")

#' @describeIn foobar Difference between the mean and the median
foobar.numeric <- function(x) abs(mean(x) - median(x))

#' @describeIn foobar First and last values pasted together in a string.
foobar.character <- function(x) paste0(x[1], "-", x[length(x)])
```

@describeIn 대신 @rdname을 사용할 수 있다. 이 파라미터는 roxygen에 의해 생성된 기본 파일 이름을 무시하고 여러 객체에 대한 문서를 하나의 파일로 병합한다. 이렇게 하면 적절해 보이는 문서를 완전히 자유롭게 결합할 수 있다.

@rdname을 사용하는 방법이 두 가지 있다. 다음처럼 기존 함수에 문서를 추가할 수 있다.

```
#' Basic arithmetic
#'
#' @param x,y numeric vectors.
add <- function(x, y) x + y

#' @rdname add
times <- function(x, y) x * y
```

NULL을 문서화하고 정보를 담고 있는 @name을 설정하여 더미(dummy) 문서화 파일을 만들 수도 있다.

```
#' Basic arithmetic
#'
#' @param x,y numeric vectors.
#' @name arith
NULL

#' @rdname arith
add <- function(x, y) x + y

#' @rdname arith
times <- function(x, y) x * y
```

텍스트 포맷 참조 시트

roxygen 태그 내에서 텍스트 포맷을 지정하기 위해 .Rd 문법을 사용한다. 이 비네트는 가장 중요한 명령문 사례를 보여준다. 전체 세부 사항은 〈R 확장 프로그램 작성하기〉 매뉴얼에 설명되어 있다.

\과 %는 Rd 포맷의 특수 문자인 점에 주의하라. 문자 그대로의 % 또는 \을 삽입하려면 백슬래시(backslash) \\, \%로 이스케이프 처리해야 한다.

문자 포매팅

- \emph{italics}: *이탤릭*
- \strong{bold}: **굵은 글씨**
- \code{r_function_call(with = "arguments")}: r_function_call(with = "arguments") (인라인 코드로 텍스트 포매팅)
- \preformatted{}: 입력 그대로 텍스트 포매팅, 여러 줄에 걸친 코드에 사용 가능

링크

다른 문서에 링크하기 위해서는 다음을 참고하라.

- \code{\link{function}}: 패키지 내의 함수
- \code{\link[MASS]{abbey}}: 다른 패키지의 함수
- \link[=dest]{name}: dest에 링크하지만 이름이 보이지 않음
- \code{\link[MASS:abbey]{name}}: 다른 패키지의 함수에 링크하지만 이름이 보이지 않음
- \linkS4class{abc}: S4 클래스에 링크

웹에 링크하기 위해서는 다음을 참고하라.

- \url{http://rstudio.com}: url
- \href{http://rstudio.com}{Rstudio}: 텍스트로 된 사용자 정의 링크 url
- \email{hadley@@rstudio.com} (이중 @에 주의할 것): 이메일 주소

목록

- 순서 있는(번호가 매겨진) 목록

```
#' \enumerate{
#'   \item First item
#'   \item Second item
#' }
```

- 순서 없는(글머리 기호로 된) 목록

```
#' \itemize{
#'   \item First item
#'   \item Second item
#' }
```

- 정의(이름이 붙여진) 목록

```
#' \describe{
#'   \item{One}{First item}
#'   \item{Two}{Second item}
#' }
```

수학식

별도의 확장 프로그램 없이 표준 LaTex 수학식을 사용할 수 있다. 인라인이나 블록으로 표시하는 것을 선택할 수 있다.

- \eqn{a + b}: 등식 삽입
- \deqn{a + b}: 등식 표시(블록)

표

표는 \tabular{}로 생성하는데, 두 가지 인자를 가진다.

- 열 정렬, 각 열을 문자로 정렬함(l = 왼쪽 정렬, r = 오른쪽 정렬, c = 중간 정렬)
- 표 내용, \tab으로 열 구분, 그리고 \cr로 행 구분

다음 함수는 R 데이터 프레임을 올바른 포맷으로 변환한다(열과 행의 이름은 무시되지만, 시도해보라).

```r
tabular <- function(df, ...) {
  stopifnot(is.data.frame(df))

  align <- function(x) if (is.numeric(x)) "r" else "l"
  col_align <- vapply(df, align, character(1))

  cols <- lapply(df, format, ...)
  contents <- do.call("paste",
    c(cols, list(sep = " \\tab ", collapse = "\\cr\n ")))

  paste("\\tabular{", paste(col_align, collapse = ""), "}{\n ",
    contents, "\n}\n", sep = "")
  }

cat(tabular(mtcars[1:5, 1:5]))
#> \tabular{rrrrr}{
#>   21.0 \tab 6 \tab 160 \tab 110 \tab 3.90\cr
#>   21.0 \tab 6 \tab 160 \tab 110 \tab 3.90\cr
#>   22.8 \tab 4 \tab 108 \tab  93 \tab 3.85\cr
#>   21.4 \tab 6 \tab 258 \tab 110 \tab 3.08\cr
#>   18.7 \tab 8 \tab 360 \tab 175 \tab 3.15
#> }
```

6

비네트: 길이가 긴 문서

비네트(vignette)는 길이가 긴 패키지 설명서이다. 함수 문서는 필요한 함수의 이름을 알고 있는 경우에는 매우 유용하지만, 그렇지 않으면 쓸모가 없다. 비네트는 책의 장(chapter)이나 학술 논문 같은 것으로, 패키지가 해결하도록 설계된 문제를 설명하고 독자에게 그 해결 방법을 보여준다. 비네트는 유용한 범주로 함수를 구분하고 문제를 해결하기 위해 여러 함수를 조절하는 방법을 보여준다. 비네트는 패키지의 세부 사항을 설명하려는 경우에도 유용하다. 예를 들어, 복잡한 통계 알고리즘을 구현한 경우, 패키지의 사용자가 상황을 이해하고 알고리즘을 올바르게 구현했는지 확인할 수 있도록 모든 세부 정보를 비네트에 기술할 수 있다.

많은 패키지가 비네트를 가지고 있다. browseVignettes()로 설치된 모든 비네트를 볼 수 있다. 특정 패키지의 비네트를 보려면 browseVignettes("packagename")처럼 인자를 사용하라. 각 비네트는 원본 소스 파일, 읽을 수 있는 HTML 페이지나 PDF, 그리고 R 코드 파일을 제공한다. vignette(x)로 특정 비네트를 읽고 edit(vignette(x))로 그 코드를 볼 수 있다. 설치하지 않은 패키지의 비네트를 보려면 그 패키지의 CRAN 페이지(예를 들어, http://cran.r-project.org/web/packages/dplyr)를 보라.

R 3.0.0 이전에는 비네트를 만드는 유일한 방법은 Sweave를 사용하는 것이었다. Sweave는 LaTeX하고만 작동하는데, 배우기 어렵고 컴파일 속도가 느리기 때문에 사용하기 어려웠다. 이제 모든 패키지는 입력 파일을 HTML 또는 PDF 비네트로 변환하기 위한 표준 인터페이스인

비네트 엔진(vignette engine)을 제공할 수 있다. 이 장에서는 knitr(https://yihui.name/knitr)가 제공하는 R markdown 비네트 엔진을 사용할 것이다. 이 엔진은 다음과 같은 이유로 권장된다.

- 일반 텍스트 포매팅 시스템인 Markdown에서 작성한다. Markdown은 LaTeX에 비해 제한적이지만, 콘텐츠에 집중할 수 있으므로 이 제한을 감수할 수 있다.
- 텍스트, 코드, 그리고 (텍스트나 시각적) 결과를 혼합할 수 있다.
- rmarkdown 패키지(https://rmarkdown.rstudio.com)를 사용하면 훨씬 단순해지는데, 이 패키지는 Markdown을 HTML로 변환하기 위해 pandoc(http://pandoc.org)을 사용하고 유용한 템플릿을 여러 개 제공함으로써 Markdown과 knitr를 통합한 것이다.

Sweave에서 R Markdown으로의 전환은 비네트 사용에 지대한 영향을 미쳤다. 이전에는 비네트를 만드는 것이 고통스럽고 더딘 작업이어서 거의 만들지 않았다. 이제 비네트는 패키지의 필수 요소이다. 복잡한 주제를 설명하거나 여러 단계로 문제를 해결하는 방법을 보여줄 필요가 있을 때마다 사용한다.

현재, R Markdown을 사용하기 가장 쉬운 방법은 RStudio를 활용하는 것이다. RStudio는 필요한 모든 필수 구성요소를 자동으로 설치한다. RStudio를 사용하지 않으려면 다음의 것들이 필요하다.

1. install.packages("rmarkdown")으로 rmarkdown 패키지 설치
2. pandoc 설치(http://pandoc.org/installing.html)

비네트 워크플로

첫 번째 비네트를 생성하기 위해 다음을 실행하라.

```
devtools::use_vignette("my-vignette")
```

위의 작업은 다음을 실행한다.

1. **vignettes/** 디렉터리를 만든다.
2. **DESCRIPTION**에 필요한 의존성을 추가한다(즉, Suggests와 VignetteBuilder 필드에

knitr를 추가한다).

3. **vignettes/my-vignette.Rmd**라는 비네트 초안(드래프트)을 작성한다.

비네트 드래프트는 R Markdown 파일의 중요 부분을 나타내도록 설계되었다. 새로운 비네트를 만들 때 이 비네트 드래프트가 유용한 참고 자료로 쓰인다.

이 파일을 생성하고 나면 워크플로는 간단하다.

1. 비네트 수정하기

2. Ctrl/Cmd+Shift+K(또는 🥄 Knit 클릭)로 비네트를 엮고(knit) 출력을 미리 확인하기

R Markdown 비네트에는 세 가지 중요한 구성요소가 있다.

- 초기 메타데이터 블록
- 텍스트 포매팅을 위한 Markdown
- 텍스트, 코드, 그리고 결과를 혼합하기 위한 Knitr

다음 절에서 이에 대해 보다 자세히 다룬다.

메타데이터

비네트의 처음 몇 줄에는 중요한 메타데이터가 포함되어 있다. 기본 템플릿에는 다음의 정보가 있다.

```
---
title: "Vignette Title"
author: "Vignette Author"
date: "`r Sys.Date()`"
output: rmarkdown::html_vignette
vignette: >
  %\VignetteIndexEntry{Vignette Title}
  %\VignetteEngine{knitr::rmarkdown}
  \usepackage[utf8]{inputenc}
---
```

이 메타데이터는 사람과 컴퓨터 모두가 읽을 수 있는 형식인 YAML(https://yaml.org)로 작성되었다. 기본적 구문은 **DESCRIPTION** 파일과 매우 유사한데, 각 행은 필드 이름, 콜론, 필드 값

으로 구성된다. 여기에 사용되는 YAML의 특수 기능 중 하나는 >이다. 다음 텍스트 줄은 일반 텍스트이므로 특수한 YAML 기능을 사용하면 안 된다.

필드는 다음과 같다.

Title, author, and date

비네트의 제목(title), 저자(author), 그리고 날짜(date)를 입력하라. 직접 채울 수도 있다(원하지 않으면 페이지 상단의 제목 블록을 삭제할 수 있다). 날짜는 기본적으로 채워지는데, 작업 당일의 날짜를 삽입하기 위해 특별한 knitr 문법(아래 설명 참조)을 사용한다.

Output

사용할 rmarkdown의 출력 포매터(output formatter)를 지정한다. 일반적인 보고서(HTML, PDF, 슬라이드 쇼 등)에 유용한 많은 옵션이 있지만, rmarkdown::html_vignette은 패키지 내에서 잘 작동하도록 특별하게 설계되었다. 자세한 내용은 ?rmarkdown::html_vignette으로 이에 대한 도움말을 참고하라.

Vignette

R에 필요한 특수 메타데이터 블록을 포함한다. LaTeX 비네트의 과거 모습을 볼 수 있는데, 메타데이터가 LaTeX 명령과 비슷한 모습이다. 비네트 인덱스에 표시할 비네트 제목을 제공하기 위해 \VignetteIndexEntry를 수정해야 할 수도 있다. 나머지 두 줄은 있는 그대로 두도록 하라. 그 두 줄은 R이 knitr를 사용하여 파일을 처리하고 UTF-8(비네트를 작성하는 데 사용해야 하는 유일한 인코딩)로 인코딩되도록 한다.

Markdown

R Markdown 비네트는 경량 마크업 언어인 Markdown으로 작성된다. Markdown의 저자인 존 그루버(John Gruber)는 Markdown의 목표와 철학을 다음과 같이 요약하였다.

Markdown은 가능한 읽기 쉽고 작성하기 쉽게 설계되었습니다.

그러나 무엇보다도 가독성이 강조됩니다. Markdown 형식의 문서는 태그 또는 서식 지정 지침에 따라 마크업된 것처럼 보이지 않는, 그대로 일반 텍스트처럼 게시될 수 있어야 합니다. Markdown 의 문법은 Setext, atx, Textile, reStructuredText, Grutatext, 그리고 EtText를 비롯한 기존의 test-to-HTML 필터의 영향을 받았지만, Markdown 문법에 대한 가장 큰 영감을 준 원천은 일반 텍스트 전자 메일 포맷입니다.

이를 위해 Markdown 문법은 전체적으로 구두점 문자로 구성되어 있으며, 구두점 문자는 의미가 일치하는 것처럼 보이도록 신중하게 선택되었습니다. 예를 들어, 단어 주변의 별표는 실제로 **강조 (emphasis)**하는 것처럼 보입니다. Markdown 목록은 목록으로 표시됩니다. 이메일을 사용한 적이 있는 것처럼 큰따옴표조차도 인용구처럼 표시됩니다.

Markdown은 LaTeX, reStructuredText, 또는 DocBook만큼 강력하지는 않지만, 간단하며, 쓰기 쉽고, 렌더링되지 않은 경우에도 읽기 쉽다. Markdown의 제약 조건은 스타일링의 어려움을 덜어준다. 따라서 저자는 콘텐츠에 더 집중할 수 있어서 글 작성에 도움이 되기도 한다.

이전에 Markdown을 사용한 적이 없다면 존 그루버의 Markdown 문법 문서(https://bit.ly/1hhJLEK)로 시작하는 것이 좋다. pandoc의 Markdown 구현은 특수한 경우는 제거하고 여러 가지 새로운 기능을 추가하였기 때문에 pandoc readme(http://pandoc.org/MANUAL.html)를 살펴보는 것이 좋다. Markdown 문서를 편집할 때 RStudio는 Markdown 참조 카드를 제공하는 물음표 아이콘을 통해 드롭-다운 메뉴를 제공하다.

다음 절은 pandoc의 Markdown 구현 중 가장 중요한 특징이라고 생각되는 것을 보여주고 있다. 15분 안에 기본을 익힐 수 있어야 한다.

섹션

머리말은 #으로 지정한다.

```
# Heading 1
## Heading 2
### Heading 3
```

세 개 이상의 하이픈(또는 별표)으로 가로 규칙을 생성한다.

```
--------
********
```

목록

순서가 없는 기본 목록은 *로 만든다.

```
* Bulleted list
* Item 2
    * Nested bullets need a 4-space indent.
    * Item 2b
```

다중 단락 목록이 필요할 때는 두 번째 및 후속 단락에 추가적인 들여쓰기가 필요하다.

```
  * It's possible to put multiple paragraphs of text in a list item.

    But to do that, the second and subsequent paragraphs must be
    indented by four or more spaces. It looks better if the first
    bullet is also indented.
```

순서 있는 목록은 1.을 이용하여 생성한다.

```
1. Item 1
1. Item 2
1. Items are numbered automatically, even though they all start with 1.
```

네 개의 여백 규칙(four space rule)을 준수하는 한, 순서 있는 목록과 글머리 기호 목록을 혼합
할 수 있다.

```
1.  Item 1.
    *  Item a
    *  Item b
1.  Item 2.
```

정의 목록은 콜론(:)을 사용한다.

```
Definition
  : a statement of the exact meaning of a word, especially in a dictionary.
List
  : a number of connected items or names written or printed consecutively,
    typically one below the other.
  : barriers enclosing an area for a jousting tournament.
```

인라인 포매팅

인라인 포맷도 마찬가지로 간단하다.

```
_italic_ or *italic*
__bold__ or **bold**
[link text](destination)
<http://this-is-a-raw-url.com>
```

표

네 가지 유형의 표(http://pandoc.org/MANUAL.html#table)가 있다. 다음과 같은 파이프 표를 사용하는 것이 좋다.

```
| Right | Left | Default | Center |
|------:|:-----|---------|:------:|
|    12 | 12   |    12   |    12  |
|   123 | 123  |   123   |   123  |
|     1 | 1    |     1   |     1  |
```

머리말 아래의 스페이서(spacer)에서 :의 사용에 주의하라. 이것으로 열 정렬을 결정한다.

표 아래에 있는 데이터가 R에 있으면 직접 틀을 잡지 말라. 대신, knitr::kable()을 사용하거나 printr(https://github.com/yihui/printr) 또는 pander(http://rapporter.github.io/pander)를 살펴보라.

코드

인라인 코드에는 `code`를 사용하라.

더 큰 코드 블록에는 ```를 사용하라. 이런 코드 블록은 '울타리가 쳐진(또는 펜스(fenced))' 코드 블록이라고 알려져 있다.

```
```
# A comment
add <- function(a, b) a + b
```
```

코드에 문법 강조를 추가하려면 역따옴표(backtick) 뒤에 언어 이름을 입력하라.

```c
int add(int a, int b) {
  return a + b;
}
```

(인쇄 시점에서 pandoc에서 지원하는 언어는 다음과 같다: actionscript, ada, apache, asn1, asp, awk, bash, bibtex, boo, c, changelog, clojure, cmake, coffee, coldfusion, commonlisp, cpp, cs, css, curry, d, diff, djangotemplate, doxygen, doxygenlua, dtd, eiffel, email, erlang, fortran, fsharp, gnuassembler, go, haskell, haxe, html, ini, java, javadoc, javascript, json, jsp, julia, latex, lex, literatecurry, literatehaskell, lua, makefile, mandoc, matlab, maxima, metafont, mips, modula2, modula3, monobasic, nasm, noweb, objectivec, objectivecpp, ocaml, octave, pascal, perl, php, pike, postscript, prolog, python, r, relaxngcompact, rhtml, ruby, rust, scala, scheme, sci, sed, sgml, sql, sqlmysql, sqlpostgresql, tcl, texinfo, verilog, vhdl, xml, xorg, xslt, xul, yacc, yaml. 문법 강조는 highlighting-kate[1](https://bit.ly/2GslMJG)라는 haskell 패키지에 의한 것인데, 현재 지원 목록은 웹사이트를 참조하라.)

비네트에 R 코드를 포함시킬 때는 보통 ```r을 사용하지 않을 것이다. 대신, 다음 절에 설명한 것과 같이 특별히 knitr에 의해 처리된 ```{r}을 사용한다.

knitr

knitr[2]를 사용하여 코드, 결과, 그리고 텍스트를 혼합할 수 있다. knitr는 R 코드를 취하여 실행하고, 출력을 파악한 후에 Markdown 형식으로 변환한다. knitr는 인쇄된 모든 출력, 메시지, 경고, (선택적으로) 오류, 그리고 플롯(기본 그래픽, lattice와 ggplot 등)을 파악한다.

다음의 간단한 사례를 살펴보라. knitr 블록은 펜스 코드 블록과 유사해 보이지만, r을 사용하는 대신 {r}을 사용한다.

```{r}
# 두 개의 숫자를 함께 더하기
add <- function(a, b) a + b
add(10, 20)
```

---

1 옮긴이 highlighting-kate는 중단되고 skylighting로 프로젝트가 이어졌다.

2 옮긴이 보통 '니터'라고 발음한다.

앞의 펜스 코드 블록은 다음과 같은 Markdown을 생성한다.

```r
# 두 개의 숫자를 함께 더하기
add <- function(a, b) a + b
add(10, 20)
#> [1] 30
```

그러면 아래와 같이 표현된다.

```
# 두 개의 숫자를 함께 더하기
add <- function(a, b) a + b
add(10, 20)
#> 30
```

일단, knitr를 사용하기 시작하면 결코 이전의 방식으로 돌아가지 않을 것이다. 비네트를 만들 때 코드가 항상 실행되기 때문에 자신의 모든 코드가 작동하는지 확인할 수 있다. 입력과 출력이 동기화되지 않는 경우는 없다.

옵션

추가 옵션을 지정하여 렌더링을 제어할 수 있다.

- 단일 블록에 효과를 주려면 블록 설정을 추가하라.

  ```{r, opt1 = val1, opt2 = val2}
  # code
  ```

- 모든 블록에 효과를 주려면 knitr 블록에서 knitr::opts_chunk$set()을 호출하라.

  ```{r, echo = FALSE}
  knitr::opts_chunk$set(
    opt1 = val1,
    opt2 = val2
  )
  ```

가장 중요한 옵션은 다음과 같다.

- eval = FALSE는 코드 평가를 방지한다. 이 옵션은 실행하는 데 시간이 오래 걸리는 코드를 표시하려 할 때 유용하다. 사용할 때는 주의해야 한다. 코드가 실행되지 않으므로 버그가 쉽게 발생할 수 있기 때문에 주의해서 사용해야 한다. (또한, 사용자가 코드를 복사하여 붙여 넣었지만, 작동하지 않을 때 원인을 파악하기 힘들다.)

- echo = FALSE는 입력한 코드를 인쇄하지 않도록 한다(출력은 여전히 인쇄된다). 일반적으로 코드가 실행하는 작업을 이해하는 것이 중요하기 때문에 이 옵션을 비네트에서 사용하지 않아야 한다. 보고서를 작성할 때는 일반적으로 코드보다 출력이 더 중요하므로 이 옵션이 유용하다.

- results = "hide"는 출력을 인쇄하지 않도록 한다.

- warning = FALSE와 message = FALSE는 경고와 메시지의 표시를 억제한다.

- error = TRUE는 해당 블록의 모든 오류를 파악하여 인라인으로 표시한다. 이 옵션은 코드가 오류를 냈을 때 어떤 일이 일어나는지 보여주기를 원할 때 유용하다. error = TRUE를 사용할 때마다 purl = FALSE도 사용해야 한다. 모든 비네트에는 비네트의 모든 코드가 포함된 파일 코드가 수반되기 때문이다. R은 오류 없이 해당 파일을 가져올 수 있어야 하며, purl = FALSE는 코드가 해당 문서에 삽입되는 것을 방지한다.

- collapse = TRUE와 comment = "#>"는 선호되는 코드 출력의 표시 방법이다. 일반적으로 문서의 시작 부분에 다음과 같은 knitr 블록을 삽입하여 전역적으로 설정한다.

```
```{r, echo = FALSE}
knitr::opts_chunk$set(collapse = TRUE, comment = "#>")
```
```

- results = "asis"는 R 코드의 출력을 문자 그대로 Markdown으로 처리한다. 이 옵션은 R 코드에서 텍스트를 생성하려는 경우에 유용하다. 예를 들어, pander 패키지를 사용하여 표를 생성하려면 다음과 같이 할 수 있다.

```
```{r, results = "asis"}
pander::pandoc.table(iris[1:3, 1:4])
```
```

그러면 다음과 같은 Markdown 표가 생성된다.

```
-------------------------------------------------------------------
Sepal.Length    Sepal.Width    Petal.Length    Petal.Width
-------------   ------------   -------------   -------------
       5.1            3.5            1.4            0.2
       4.9              3            1.4            0.2
       4.7            3.2            1.3            0.2
-------------------------------------------------------------------
```

결과적으로 다음과 같은 표가 만들어진다.

Sepal.Length	Sepal.Width	Petal.Length	Petal.Width
5.1	3.5	1.4	0.2
4.9	3	1.4	0.2
4.7	3.2	1.3	0.2

- `fig.show = "hold"`는 코드 블록의 끝까지 모든 그림을 유지한다.
- `fig.width = 5`와 `fig.height = 5`는 그림의 높이와 너비를 설정한다(인치 단위).

다른 많은 옵션이 http://yihui.name/knitr/options에 설명되어 있다.

개발 사이클

Cmd+Alt+C로 한 번에 코드를 청크 단위로 한꺼번에 실행하라. Knit으로 새로운 R 세션에서 전체 문서를 다시 편집한다(Ctrl/Cmd+Shift+K).

devtools::build_vignettes()로 콘솔의 모든 비네트를 빌드할 수 있지만, 별로 유용하지는 않다. 대신, devtools::build()를 사용하여 비네트가 포함된 패키지 번들을 만들어라. RStudio의 'Build & Reload'는 시간을 절약하기 위해 비네트를 빌드하지 않는다. 시간이 많이 걸리고 추가 패키지가 필요할 수 있기 때문에 devtools::install_github()과 그 유사 함수들도 기본적으로 비네트를 빌드하지 않는다. devtools::install_github(build_vignettes = TRUE)로 빌드를 강제 실행할 수 있다. 이 옵션은 제안되는 모든 패키지를 설치한다.

비네트 작성을 위한 조언

> "글을 쓰지 않으면서 생각하고 있다면 당신은 단지 당신이 생각하고 있다고 생각하는 것일 뿐이다."
>
> — 레슬리 램포트(Leslie Lamport)

비네트를 작성하는 것은 누군가에게 패키지 사용 방법을 가르치고 있는 것이다. 당신은 독자의 입장이 되어 '초보자의 마음'을 갖추어야 한다. 이미 내면화한 모든 지식을 잊기는 어렵기 때문에 이렇게 하는 것이 어려울 수 있다. 이러한 이유 때문에 교육이 비네트에 대한 피드백을 얻을 수 있는 매우 유용한 방법이 될 수 있다. 즉각적인 피드백을 얻을 뿐만 아니라 사람들이 이미 알고 있는 것을 쉽게 파악할 수 있는 방법이기도 하다.

이 접근법은 유용한 파급 효과를 가지는데, 그것은 코드를 개선하는 데 도움이 된다는 것이다. 이렇게 하면 초기 적응 과정을 재검토하고 어려웠던 부분을 자각할 수 있다. 중요한 함수에 대한 설명을 빼먹고 초반 경험을 설명하는 글을 작성할 수 있는데, 이러한 함수를 추가하면 사용자에게 도움이 될 뿐만 아니라 자신에게도 도움이 된다! (책 쓰기가 도움이 많이 되는 이유 중 하나이다.)

다음의 자료 또한 살펴볼 만하다.

- 캐시 시에라(Kathy Sierra)의 모든 글은 매우 추천할 만하다. 그녀의 오래된 블로그인 '열정적인 사용자 만들기(Creating Passionate Users)(https://headrush.typepad.com)'는 프로그래밍, 교육, 그리고 가치 있는 도구를 만드는 방법에 대한 조언이 가득하다. 오래된 내용도 모두 읽는 것이 좋다. 그녀의 새로운 블로그인 '심각한 조랑말(Serious Pony)(http://seriouspony.com/blog)'에는 많지는 않지만 훌륭한 글들이 있다.
- 글을 더 잘 쓰는 법에 대해 배우고 싶다면 조셉 윌리암스(Joseph M. Williams)와 조셉 비접(Joseph Bizup)의 《스타일 레슨: 명확하고 아름다운 영어 글쓰기(Style: Lessons in Clarity and Grace)》(크레센도 출판사)을 적극 권장한다. 이 책은 글쓰기의 구조를 이해하도록 도와줌으로써 좋지 않은 글쓰기가 무엇인지 깨닫고, 이런 좋지 않은 글을 개선할 수 있는 방법을 익히는 데 도움이 된다.

비네트를 작성하는 것은 코딩 작업에서 잠시 휴식을 취할 수 있는 좋은 기회이기도 하다. 경험에 따르면, 글쓰기는 프로그래밍할 때와는 다른 부분의 두뇌를 사용하기 때문에 프로그래밍에 지쳐 있다면 글쓰기를 조금 해보는 것도 좋다. (이것은 구조화된 미루기(Structured Procrastination)(http://www.structuredprocrastination.com)의 개념과 관련되어 있다.)

조직화

단순한 패키지라면 하나의 비네트로도 충분하다. 그러나 더 복잡한 패키지는 실제로 둘 이상이 필요할 수 있다. 사실, 원하는 만큼의 비네트를 만들 수 있다. 그 비네트를 책의 장과 같이 생각할 수 있다. 그것들은 독립적이지만 전체적으로는 서로 결합되어야 한다.

조금만 수고를 하면 파일을 디스크에 저장하는 방법을 활용하여 다양한 비네트를 연결할 수 있다. 즉, 비네트를 **abc.Rmd**에 연결하기 위해 **abc.html**에 대한 링크만 만들면 된다.

CRAN 노트

비네트는 자신의 환경에서 빌드하기 때문에 CRAN은 HTML/PDF와 소스 코드만 받는다. CRAN은 비네트를 다시 빌드하지는 않는다. (직접 실행하여) 코드가 실행 가능한지만 검사한다. 이것은 비네트에 사용된 모든 패키지가 **DESCRIPTION**에 선언되어야 함을 의미한다. 그러나 CRAN에 pandoc이 설치되어 있지 않은 경우에도 (pandoc을 사용하는) R Markdown을 사용할 수 있음을 의미하는 것이기도 하다.

몇 가지 공통적인 문제는 다음과 같다.

- 비네트는 대화식으로 빌드되지만 검사할 때 설치된 것으로 알고 있는 패키지가 누락되었다는 오류와 함께 실패한다면, **DESCRIPTION**에 의존성을 선언하는 것을 잊어버린 것이다(일반적으로 Suggests에 포함되어야 함).
- 모든 것이 대화식으로 작동하지만 패키지를 설치한 후에 비네트가 표시되지 않는다면, 다음 중 하나가 발생했을 수 있다. 첫째, RStudio의 'Build & Reload'가 비네트를 빌드하지 않기 때문에 대신 devtools::install()을 실행해야 할 수 있다. 이를 실행한 후에 다음을 확인하라.
  — 디렉터리가 **vignette/**이 아니라 **vignettes/**인가?
  — 의도치 않게 **.Rbuildignore**로 비네트를 제외하였는가?
  — 필요한 비네트 메타데이터가 있는지 확인하여라.
- error = TRUE를 사용하면 purl = FALSE를 사용해야 한다.

파일 크기를 확인해야 한다. 그래픽을 많이 포함하면 파일이 매우 커지기 쉽다. 엄밀한 규칙은 없지만, 많은 내용을 담고 있는 비네트를 만들어야 한다면 파일 크기를 적절히 하거나 크기를 줄이기 위한 대비를 해야 한다.

다음에 할 것

비네트의 모양을 보다 잘 제어하려면 Rmarkdown에 대해 자세히 알아야 한다. http://rmarkdown.rstudio.com은 시작하기에 좋은 곳이다. 여기에서 (LaTeX과 PDF와 같은) 대체적인 출력 포맷과 추가적인 제어가 필요하다면, 원시 HTML과 LaTeX을 통합하는 방법에 대해 배울 수 있다.

멋진 비네트를 작성하는 경우, 《Journal of Statistical Software》 또는 《The R Journal》에 제출하는 것을 고려해 볼 만하다. 두 저널 모두 온라인으로만 제공되며, 동료 평가(peer review)를 거친다. 평가자의 의견은 비네트와 관련 소프트웨어의 품질을 향상시키는 데 매우 유용할 수 있다.

7

테스트하기

테스트하기(testing)는 패키지 개발에 있어 중요한 부분이다. 테스트는 자신의 코드가 원하는 대로 작동하도록 해준다. 그러나 테스트는 개발 워크플로에 추가적인 단계를 더한다. 이 장의 목적은 testthat 패키지를 사용하여 공식적인 자동화 테스트를 수행함으로써 이 과업을 보다 쉽고 효과적으로 만드는 방법을 보여주는 것이다.

지금까지의 워크플로는 아마 다음과 같을 것이다.

1. 함수를 작성한다.
2. Ctrl/Cmd+Shift+L 또는 devtools::load_all()을 사용하여 로드한다.
3. 그 함수가 작동하는지 확인하기 위해 콘솔에서 실험해 본다.
4. 가다듬고 반복한다.

이 워크플로에 따라 코드를 검증하더라도 비형식적으로만 수행하는 것이다. 이 접근법의 문제점은, 새로운 기능을 추가하기 위해 어느 정도 시간이 지난 후 그 코드를 다시 살펴보았을 때, 처음 실행했을 때의 어떤 비형식적인 테스트를 잊어버릴 수도 있다는 것이다. 테스트를 하면 예전에 작동했던 코드를 쉽게 해독할 수 있다.

자신이 이전에 이미 고쳤던 버그를 다시 고치기 위해 너무 많은 시간을 보내고 있음을 스스로 발견하였다면, 자동화된 테스트를 시작할 만하다. 코드를 작성하거나 버그를 수정하는 동안 코드가 제대로 작동하는지 대화식으로 테스트를 수행했을 것이다. 하지만 테스트를 저장할 수 있는 시스템을 가지고 있지 않아 필요에 따라서만 다시 실행할 수 있었다. 이렇게 하는 것이 R 프로그래머들 사이의 일반적인 관행으로 보인다. 코드를 테스트하지 않는 것이 아니라, 테스트를 자동화하지 않는 것이다.

이 장에서는 명령줄에서 수행하였던 비형식적 임시 테스트를 벗어나 형식적 자동화 테스트(단위 테스트(unit testing)라고도 함)를 사용하는 방법을 배우게 될 것이다. 이전의 대화식 테스트를 재현 가능한 스크립트로 전환하는 데에는 약간의 작업이 필요하지만, 다음과 같은 네 가지 효과를 얻을 수 있다.

적은 버그

코드가 작동해야 하는 방식에 대해 명시하기 때문에 버그가 줄어든다. 그 이유는 복식부기[1]의 효과와 유사한데, 즉 코드와 테스트 모두에서 코드의 작동을 설명하기 때문에 한 코드를 다른 코드와 비교하여 확인할 수 있다. 이와 같은 접근법의 테스트 방식을 따르면 과거에 수정한 버그가 결코 다시 발생하지 않을 것이라는 것을 확신할 수 있다.

보다 나은 코드 구조

대개 테스트하기 쉬운 코드가 더 잘 설계된 것이다. 테스트를 작성하면 코드의 복잡한 부분을 별도의 함수로 분리하여 독립적으로 작업할 수 있기 때문이다. 이렇게 하면 코드에서 중복을 줄일 수 있다. 결과적으로 함수는 테스트하고, 이해하고, 작업하기가 더 쉬워진다(새로운 방식으로 결합하는 것이 더 쉬워진다).

보다 쉬운 재시작

실패하는 테스트(예를 들어, 다음에 구현하려는 기능)를 유지한 채 코딩 세션을 마친 경우, 테스트를 통해 중단한 부분을 쉽게 포착할 수 있다. 즉, 테스트를 통해 다음에 수행할 작업을 알 수 있다.

견고한 코드

패키지의 주요 기능에 관련된 테스트가 있다는 것을 알고 있다면, 실수로 무언가 잘못할 것이라는 염려 없이 큰 변화를 시도할 수 있다. 작업을 수행하는 보다 간단한 방법이 있다고 생각할 때 특히 유용하다(단순한 해결 방법에는 대개 생략된 부분이 있기 마련이다).

---

1 [옮긴이] 회계학에서 사용되는 거래 기록 방법이다. 복식부기 방법에 따르면, 어떤 하나의 거래는 두 개 이상의 회계적 효과를 가진다. 예를 들어, 어떤 기업이 대출금을 상환한 경제적 거래가 발생한 경우, 회계학적으로는 그 기업으로부터 현금이 유출(자산의 감소)되었지만 그 기업의 부채는 감소(부채의 감소)된 것으로 인식하고 기록한다.

다른 언어의 단위 테스트에 익숙하다면 testthat과 근본적인 차이가 있음에 주의해야 한다. 이 것은 R이 객체지향(OO, Object-Oriented) 프로그래밍 언어이기보다는 핵심적으로는 함수형 프로그래밍 언어이기 때문이다. 예를 들어, R의 주요 OO 시스템(S3 및 S4)은 제너릭 함수(즉, 메서드가 클래스가 아닌 함수에 속함)에 기반하기 때문에 객체와 메서드를 기반으로 구축된 테스트 접근법은 그다지 적합하지 않다.

테스트 워크플로

testthat을 사용하도록 패키지를 설정하려면 다음을 실행하라.

```
devtools::use_testthat()
```

위 명령은 다음을 수행한다.

1. **tests/testthat** 디렉터리를 만든다.
2. **DESCRIPTION**의 Suggests 필드에 testthat을 추가한다.
3. R CMD check가 실행될 때 모든 테스트를 실행하는 **tests/testthat.R** 파일을 생성한다 (14장에서 더 자세히 배우게 될 것이다.)

설정을 마치면 워크플로는 단순하다.

1. 코드 또는 테스트를 수정한다.
2. Ctrl/Cmd+Shift+T 또는 devtools::test()로 패키지를 테스트한다.
3. 모든 테스트가 통과할 때까지 반복한다.

테스트 출력은 다음과 같다.

```
Expectation : ..........
rv : ...
Variance : ....123.45.
```

각 줄은 테스트 파일을 나타낸다. 각각의 점(.)은 통과한 테스트를 나타낸다. 각각의 숫자는 실패한 테스트를 나타낸다. 숫자는 세부 정보를 제공하는 실패 목록에 색인을 지정한다.

```
1. Failure(@test-variance.R#22): Variance correct for discrete uniform rvs -----
VAR(dunif(0, 10)) not equal to var_dunif(0, 10)
Mean relative difference: 3

2. Failure(@test-variance.R#23): Variance correct for discrete uniform rvs -----
VAR(dunif(0, 100)) not equal to var_dunif(0, 100)
Mean relative difference: 3.882353
```

각각의 실패는 테스트에 대한 설명(예를 들어, 'Variance correct for discrete uniform rvs'), 실패한 위치(예를 들어, '@ test-variance.R # 22'), 그리고 실패 원인(예를 들어, 'VAR(dunif(0, 10)) not equal to var_dunif(0, 10)')을 제공한다. 목표는 모든 테스트를 통과하는 것이다.

테스트 구조

테스트 파일은 **tests/testthat/**에 있다. 그 이름은 **test**로 시작해야 한다. 다음은 stringr 패키지의 테스트 파일 예제이다.

```
context("String length")
library(stringr)

test_that("str_length is number of characters", {
  expect_equal(str_length("a"), 1)
  expect_equal(str_length("ab"), 2)
  expect_equal(str_length("abc"), 3)
})

test_that("str_length of factor is length of level", {
  expect_equal(str_length(factor("a")), 1)
  expect_equal(str_length(factor("ab")), 2)
  expect_equal(str_length(factor("abc")), 3)
})

test_that("str_length of missing is missing", {
  expect_equal(str_length(NA), NA_integer_)
  expect_equal(str_length(c(NA, 1)), c(NA, 1))
  expect_equal(str_length("NA"), 2)
})
```

테스트는 계층적으로 구성된다. 즉, **익스펙테이션**은 **파일**로 구성된 **테스트**로 그룹화된다.

- 익스펙테이션(expectation)은 테스트의 핵심이다. 이 익스펙테이션은 올바른 값과 올바른 클래스를 가지고 있는지, 그리고 필요할 때 오류 메시지를 생성하는지를 설명한다. 익스펙테이션은 콘솔에서 결과를 시각적으로 자동 점검한다. 익스펙테이션은 expect_로 시작하는 함수이다.

- 테스트(test)는 단순한 함수로부터의 출력, 보다 복잡한 함수로부터의 단일 파라미터에 대한 가능성의 범위, 또는 여러 함수에서의 긴밀한 관련 기능을 테스트하기 위한 여러 익스펙테이션을 함께 그룹화한다. 이러한 이유로 한 단위의 기능을 테스트할 때 **단위 (unit)**라고도 한다. 테스트는 test_that()으로 생성한다.

- **파일(file)**은 여러 관련 테스트를 그룹화한다. 파일에는 context()로 사람이 읽을 수 있는 이름이 지정된다.

이에 대해서는 다음에서 자세히 설명한다.

익스펙테이션

익스펙테이션은 최고 수준의 테스트이다. 익스펙테이션은 함수 호출이 예상한 대로 수행되는지 여부에 대한 이진 선언(binary assertion)을 제공한다. 모든 익스펙테이션은 비슷한 구조를 가진다.

- expect_로 시작한다.
- 두 가지 인자가 있다. 첫 번째는 실제 결과이고, 두 번째는 예상하는 결과이다.
- 실제 결과와 예상 결과가 일치하지 않으면 testthat은 오류를 낸다.

일반적으로 파일 내부의 테스트에 익스펙테이션을 삽입하지만, 테스트를 직접 실행할 수도 있다. 따라서 대화식으로 익스펙테이션을 쉽게 탐색할 수 있다. testthat 패키지에는 거의 20가지의 익스펙테이션이 있다. 가장 중요한 것들은 아래에 설명되어 있다.

- 동등성(equaility)을 테스트하는 기본적인 방법이 두 가지 있는데, expect_equal() 과 expect_identical()이 그것이다. all.equal()을 사용하여 수치적 허용 범위 (numerical tolerance) 내에서 동등성을 검사하기 때문에 expect_equal()이 가장 일반적으로 사용된다.

```
expect_equal(10, 10)

expect_equal(10, 10 + 1e-7)
expect_equal(10, 11)
```

정확한 등가성(equivalence)을 테스트하거나 환경(environment) 같은 특이한 객체를 비교해야 하는 경우, expect_identical()을 사용하라. 이것은 identical()을 바탕으로 구축된 것이다.

```
expect_equal(10, 10 + 1e-7)
expect_identical(10, 10 + 1e-7)
```

- expect_match()는 문자형 벡터를 정규식과 비교한다. all 인자는 선택적인데, 일치해야 하는 요소가 전부인지 아니면 하나인지를 제어한다. 이것은 grepl()에 의해 제공된다(ignore.case = FALSE 또는 fixed = TRUE와 같은 추가 인자가 뒤에 사용된다).

```
string <- "Testing is fun!"

expect_match(string, "Testing")

# 실패한다. 매칭은 대소문자를 구분한다.
expect_match(string, "testing")

# 추가적인 인자가 grepl에 전달된다.
expect_match(string, "testing", ignore.case = TRUE)
```

- expect_match()의 네 가지 변형은 다른 유형의 결과를 확인한다. 인쇄된 출력 검사: expect_output(), 메시지 검사: expect_message(), 경고 검사: expect_warning(), 오류 검사: expect_error()

```
a <- list(1:10, letters)

expect_output(str(a), "List of 2")
expect_output(str(a), "int [1:10]", fixed = TRUE)

expect_message(library(mgcv), "This is mgcv")
```

메시지, 경고 또는 오류가 생성되었는지 여부만 확인하려는 경우는 expect_message(), expect_warning(), 그리고 expect_error()에 두 번째 인자를 비워둘 수 있다. 그러나 일반적으로는 명시적으로 메시지의 일부 텍스트를 제공하는 것이 좋다.

```
expect_warning(log(-1))
expect_error(1 / "a")

# 그러나 항상 명시적으로 하는 것이 보다 좋다.
expect_warning(log(-1), "NaNs produced")
expect_error(1 / "a", "non-numeric argument")

# 경고를 생산하기 위한 실패 또는 오류가 기대될 때의 오류
expect_warning(log(0))
expect_error(1 / 2)
```

- expect_is()는 객체가 특정한 클래스에서 inherit()로 상속하는지를 검사한다.

```
model <- lm(mpg ~ wt, data = mtcars)
expect_is(model, "lm")
expect_is(model, "glm")
```

- expect_true()와 expect_false()는 다른 익스펙테이션 중 필요한 것이 없을 경우에 유용한 포괄적인 도구이다.

- 때로는 결과가 정확히 무엇인지 알지 못하거나 코드에서 쉽게 다시 생성하기가 너무 복잡하다. 이럴 때 할 수 있는 최선은 그 결과가 지난 번과 동일한지 확인하는 것이다. expect_equal_to_reference()는 처음 실행될 때 결과를 캐시한 다음 후속 실행과 비교한다. 어떤 이유로든 결과가 변경되면 캐시(*) 파일을 삭제하고 다시 테스트하라.

예상 시퀀스를 실행하면 예상한 대로 코드를 작동시키기 때문에 유용하다. 함수 내에서 익스펙테이션을 사용하여 입력이 예상한 것인지 확인할 수도 있다. 그러나 뭔가 잘못되었을 때에는 유용하지 않다. 알고 있는 것은 무엇인가 예상과는 다르다는 것이다. 익스펙테이션의 목표는 알 수 없다. 다음에 설명할 테스트는 익스펙테이션의 전반적인 목표를 설명하는 논리 블록으로 익스팩테이션을 구성한다.

테스트 작성

각 테스트에는 유용한 이름이 있어야 하며, 단일 기능 단위를 다루어야 한다. 테스트가 실패할 때 무엇이 잘못되었는지 그리고 코드에서 문제를 찾기 위해 코드의 어디를 찾아야 하는지 알고자 하는 것이다. 테스트 이름과 코드 블록을 인자로 test_that()을 사용한 새 테스트를 만든다. 테스트 이름은 'Test that ...' 문장을 완성해야 한다. 코드 블록은 익스펙테이션의 모음이어야 한다.

익스펙테이션을 테스트로 구성하는 방법은 자신에게 달렸다. 중요한 것은 문제의 원인을 신속하게 찾을 수 있도록 그 테스트와 관련된 메시지가 유용해야 한다는 것이다. 하나의 테스트에 너무 많은 익스펙테이션을 삽입하지 않도록 하라. 적은 수의 큰 테스트를 하는 것보다 작은 테스트를 많이 하는 것이 좋다.

각 테스트는 자체 환경에서 실행되며 독립적이다. 그러나 testthat은 R에 전반적으로 영향을 주는 행동을 수행한 후 이를 정리하는 방법에 대해서는 알지 못한다.

- 파일 시스템: 파일의 생성과 삭제, 작업 디렉터리의 변경 등
- 검색 경로: library(), attach()
- 전역 옵션: options()와 par()

테스트에서 이러한 작업을 하면 직접 정리해야 한다. 다른 많은 테스트 패키지에는 각 테스트 전후에 자동으로 실행되는 설정 및 해제 방법이 있지만, 테스트 외부에서 객체를 생성할 수 있고 테스트 실행 사이에 그 객체가 변경되지 않도록 유지하는 R의 수정시복사(copy-on-modify) 시맨틱스를 활용할 수 있기 때문에 testthat에는 그다지 중요하지 않다. 다른 작업을 정리하기 위해 R 정규 함수를 사용할 수 있다.

테스트할 것

> "print 구문이나 디버거 표현식에 무언가를 입력하고 싶을 때마다 대신 테스트로 작성하라."
>
> — 마틴 파울러(Martin Fowler)

테스트 작성에 적절한 균형이 있어야 한다. 작성한 각 테스트는 실수로 코드가 변경될 가능성을 줄인다. 그러나 목적에 맞게 코드를 변경하는 것이 더 어려워질 수도 있다. 테스트 작성에 대한 일반적인 조언은 어렵지만, 다음과 같은 점들이 도움이 될 수 있다.

- 함수에 대한 외부 인터페이스 테스트에 초점을 맞춘다. 내부 인터페이스를 테스트하면 코드를 수정하는 것뿐만 아니라 모든 테스트를 업데이트해야 하기 때문에 구현을 변경하는 것이 더 어렵다.
- 오직 하나의 테스트에서 각 행동을 테스트하려고 하라. 특정 행동이 나중에 변경되면 단일 테스트만 업데이트하면 된다.
- 작동할 것을 확신하는 간단한 코드의 테스트는 피하라. 대신 확신하지 못하는 코드, 그

리고 제대로 작동하지 않거나 상호 의존성이 복잡한 코드를 테스트하는 데 시간을 집중하라. 그렇다고는 해도 문제가 간단해서 테스트가 필요 없다고 잘못 생각할 때 실수를 하는 경우가 흔하다.

- 버그를 발견하면 항상 테스트를 작성하라. 테스트 우선 철학을 도입하는 것이 도움이 될 것이다. 항상 테스트를 작성하는 것으로 시작한 후, 테스트를 통과하는 코드를 작성한다. 이것은 중요한 문제 해결 전략을 반영하는 것이다. 즉, 문제 해결 여부를 확인할 수 있는 방법을 성공 기준으로 정하는 것으로 시작하라.

테스트 건너뛰기

때로는 테스트를 수행하는 것이 불가능하다. 왜냐하면 인터넷에 연결되어 있지 않거나 중요한 파일이 누락되었을 수 있기 때문이다. 불행히도 다른 가능성 있는 이유는 간단한데, 즉, 코드를 작성하는 데 사용하는 머신이 많을수록 모든 테스트를 실행하지 않을 가능성이 커진다는 것이다. 간단히 말해서, 테스트에 실패를 경험하기보다 건너뛰고 싶을 때가 있다. 이를 위해 skip() 함수를 사용할 수 있다. 이 함수는 오류를 내기보다는 단순히 출력에 S를 인쇄한다.

```
check_api <- function() {
  if (not_working()) {
    skip("API not available")
  }
}

test_that("foo api returns bar when given baz", {
  check_api()
  ...
})
```

자신만의 테스트 도구 구축

더 많은 테스트를 작성하기 시작하면서 코드에 중복이 생길 수 있다. 예를 들어, 다음 코드는 library(lubridate)의 floor_date() 함수에 대한 테스트 중 하나를 보여준다. 가장 근접한 시간 표현(초, 분, 시)으로 날짜를 반올림한 결과를 확인하는 7가지 익스펙페이션이 있고, 여기에는 많은 중복이 있기 때문에(버그 가능성이 높아짐) 공통적인 작동 부분을 새로운 함수로 추출하고자 할 수 있다.

```
library(lubridate)
#>
#> Attaching package: 'lubridate'
#> The following object is masked from 'package:base':
#>
#>     date
test_that("floor_date works for different units", {
  base <- as.POSIXct("2009-08-03 12:01:59.23", tz = "UTC")

  expect_equal(floor_date(base, "second"),
    as.POSIXct("2009-08-03 12:01:59", tz = "UTC"))
  expect_equal(floor_date(base, "minute"),
    as.POSIXct("2009-08-03 12:01:00", tz = "UTC"))
  expect_equal(floor_date(base, "hour"),
    as.POSIXct("2009-08-03 12:00:00", tz = "UTC"))
  expect_equal(floor_date(base, "day"),
    as.POSIXct("2009-08-03 00:00:00", tz = "UTC"))
  expect_equal(floor_date(base, "week"),
    as.POSIXct("2009-08-02 00:00:00", tz = "UTC"))
  expect_equal(floor_date(base, "month"),
    as.POSIXct("2009-08-01 00:00:00", tz = "UTC"))
  expect_equal(floor_date(base, "year"),
    as.POSIXct("2009-01-01 00:00:00", tz = "UTC"))
})
```

각 익스펙테이션을 보다 간결하게 만들기 위해, 몇 가지 도우미 함수(helper function)를 정의하는 것으로 시작할 것이다. 이렇게 하면 각 테스트를 한 줄에 넣을 수 있으므로 차이를 더 쉽게 보이기 위해 실제 값과 예상 값을 정렬할 수 있다.

```
test_that("floor_date works for different units", {
  base <- as.POSIXct("2009-08-03 12:01:59.23", tz = "UTC")
  floor_base <- function(unit) floor_date(base, unit)
  as_time <- function(x) as.POSIXct(x, tz = "UTC")

  expect_equal(floor_base("second"), as_time("2009-08-03 12:01:59"))
  expect_equal(floor_base("minute"), as_time("2009-08-03 12:01:00"))
  expect_equal(floor_base("hour"),   as_time("2009-08-03 12:00:00"))
  expect_equal(floor_base("day"),    as_time("2009-08-03 00:00:00"))
  expect_equal(floor_base("week"),   as_time("2009-08-02 00:00:00"))
  expect_equal(floor_base("month"),  as_time("2009-08-01 00:00:00"))
  expect_equal(floor_base("year"),   as_time("2009-01-01 00:00:00"))
})
```

더 나아가 사용자 정의된 익스펙테이션 함수를 만들 수 있다.

```
base <- as.POSIXct("2009-08-03 12:01:59.23", tz = "UTC")

expect_floor_equal <- function(unit, time) {
  expect_equal(floor_date(base, unit), as.POSIXct(time, tz = "UTC"))
}
expect_floor_equal("year", "2009-01-01 00:00:00")
```

그러나 익스펙테이션이 실패하면 유용한 결과를 제공하지 않는다.

```
expect_floor_equal("year", "2008-01-01 00:00:00")
```

대신, 보다 유용한 정보를 생산하기 위해 약간의 비표준 평가(nonstandard evaluation, https://bit.ly/SlqE1k)를 사용할 수 있다. 핵심은 bquote()와 eval()을 사용하는 것이다. 다음의 bquote() 호출에서 .(x)의 사용에 주의하라. ()의 내용이 호출에 삽입된다.

```
expect_floor_equal <- function(unit, time) {
  as_time <- function(x) as.POSIXct(x, tz = "UTC")
  eval(bquote(expect_equal(floor_date(base, .(unit)), as_time(.(time)))))
}
expect_floor_equal("year", "2008-01-01 00:00:00")
```

중복 코드를 제거하면 변하는 것이 무엇인지 더 쉽게 볼 수 있기 때문에 이러한 종류의 리팩토링(refactoring)은 가치가 있다. 읽기 좋은 테스트를 통해 자신이 옳았다는 확신을 얻을 수 있다.

```
test_that("floor_date works for different units", {
  as_time <- function(x) as.POSIXct(x, tz = "UTC")
  expect_floor_equal <- function(unit, time) {
    eval(bquote(expect_equal(floor_date(base, .(unit)), as_time(.(time)))))
  }

  base <- as_time("2009-08-03 12:01:59.23")
  expect_floor_equal("second", "2009-08-03 12:01:59")
  expect_floor_equal("minute", "2009-08-03 12:01:00")
  expect_floor_equal("hour",   "2009-08-03 12:00:00")
  expect_floor_equal("day",    "2009-08-03 00:00:00")
  expect_floor_equal("week",   "2009-08-02 00:00:00")
  expect_floor_equal("month",  "2009-08-01 00:00:00")
  expect_floor_equal("year",   "2009-01-01 00:00:00")
})
```

테스트 파일

테스트의 최상위 구조는 파일이다. 각 파일에는 그 내용에 대한 간략한 설명을 제공하는 단일 context() 호출이 있어야 한다. R/ 디렉터리의 파일과 마찬가지로, 원하는 방식으로 자유롭게 테스트를 구성할 수 있다. 그러나 다시 한번 말하지만, 극단적인 두 가지 경우는 분명히 모두 좋지 않다(모든 테스트가 하나의 파일에 있거나 하나의 파일에 하나의 테스트만 있는 것). 자신에게 적당한 중간점을 찾아야 한다. 각각의 복잡한 함수에 대해 하나의 테스트 파일을 만드는 것으로 시작하는 것이 좋다.

CRAN 노트

CRAN은 모든 CRAN 플랫폼(윈도우, 맥, 리눅스, 그리고 솔라리스)에서 사용자의 테스트를 실행한다. 다음에 유의해야 할 몇 가지 사항이 있다.

- 테스트는 상대적으로 빠르게 실행되어야 한다. 목표는 1분 미만이다. CRAN에 적절하지 않은, 실행시간이 긴 테스트의 시작 부분에 skip_on_cran()을 배치하라. 그것들은 CRAN이 아닌 로컬에서 실행될 것이다.
- 테스트는 항상 영어(LANGUAGE = EN)와 C 정렬 순서(LC_COLLATE = C)로 실행된다는 점에 주의하라. 이렇게 하면 플랫폼 간의 실질적이지 않은 차이를 최소화할 수 있다.
- CRAN 머신에 따라 달라질 수 있는 것에 대한 테스트에 주의하라. (CRAN 머신이 자주 로드되기 때문에) 무언가 소요되는 시간을 테스트하거나 병렬 코드를 테스트하는 것 (CRAN은 여러 패키지 테스트를 병렬로 실행하기 때문에 여러 코어가 항상 사용 가능하지는 않다) 은 위험하다. 수치 정밀도는 플랫폼에 따라 다를 수 있으므로(흔히 32비트 버전의 R에서는 덜 정확하다) expect_identical()보다는 expect_equal()을 사용하라.

8

네임스페이스

(**NAMESPACE** 파일에 기록된 대로) 패키지 네임스페이스(namespace)는 패키지 구축에 있어 다른 부분보다 더 복잡한 것 중 하나이다. 상당히 진보된 주제이며, 대채로 자신만을 위한 패키지를 개발하는 경우 별로 중요하지 않다. 그러나 CRAN에 패키지를 제출하려면 네임스페이스를 이해하는 것이 매우 중요하다. CRAN이 제출된 패키지가 다른 패키지와 잘 작동할 것을 요구하기 때문이다.

처음 네임스페이스를 사용하기 시작하면 적은 이득을 얻는 데 많은 작업을 하는 것처럼 보일 것이다. 그러나 고품질의 네임스페이스를 사용하면 독립적으로 패키지를 캡슐화하는 데 도움이 된다. 이렇게 하면 다른 패키지가 자신의 코드를 방해하지 않고, 자신의 코드가 다른 패키지를 방해하지 않으며, 그리고 실행되는 환경에 관계없이 자신의 패키지가 작동하는 것을 보장한다.

동기

이름에서 알 수 있듯이, 네임스페이스는 '이름'에 '여백'을 제공한다. 이 네임스페이스는 이름과 연관된 객체의 값을 찾기 위한 배경을 제공한다.

네임스페이스에 대해 잘 모르는 상태로 사용하고 있었을지도 모르겠다. 예를 들어, `::` 연산자를 사용한 적이 있는가? `::` 연산자는 동일한 이름을 가진 함수들의 모호함을 제거한다. 예를 들어, plyr과 Hmisc는 모두 summarize() 함수를 제공한다. plyr과 Hmisc을 순서대로 로드하면 summarize()는 Hmisc 버전을 참조한다. 그러나 반대 순서로 패키지를 로드하면 summarize()는 plyr 버전을 참조한다. 이것은 혼란스러울 수 있다. 대신, Hmisc::summarize()와 plyr::summarize()와 같이 특정 함수를 명시적으로 참조할 수 있다. 그러면 패키지가 로드되는 순서는 중요하지 않게 된다.

네임스페이스는 **imports**와 **exports**라는 두 가지 방법으로 패키지를 독립적으로 만든다. **imports**는 한 패키지의 함수가 다른 패키지의 함수를 찾는 방법을 정의한다. 설명을 위해 예를 들면, base R의 간단한 nrow() 함수와 같이 사용자가 의존하는 함수의 정의를 변경하면 어떤 일이 일어날지 생각해 보자.

```
nrow
#> function (x)
#> dim(x)[1L]
#> <bytecode: 0x244d5b0>
#> <environment: namespace:base>
```

이 rnow() 함수는 dim()을 이용하여 정의되었다. 그러면 dim()를 사용자가 정의하여 바꾸면 어떻게 될 것 같은가? nrow()가 작동하지 않는가?

```
dim <- function(x) c(1, 1)
dim(mtcars)
#> [1] 1 1
nrow(mtcars)
#> [1] 32
```

놀랍게도, 그렇지 않다! 왜냐하면 nrow()는 dim()이라는 객체를 찾을 때 패키지 네임스페이스를 사용하므로 사용자가 전역 환경(global environment)에서 만든 dim()이 아닌, base 환경(base environment)의 dim()을 찾기 때문이다.

exports는 패키지의 외부에서 사용할 수 있는 함수를 지정하여 다른 패키지와의 충돌을 피하는 데 도움이 된다(내부(internel) 함수는 패키지 내에서만 사용할 수 있으며, 다른 패키지에서 쉽게 사용할 수 없다). 일반적으로 최소한의 함수들만 내보내고자 할 것이다. 내보내는 함수가 적을수록 충돌 가능성이 적다. (모호함을 제거하기 위해 항상 `::`을 사용할 수 있기 때문에) 충돌이 결정적이지는 않지만, 사용자에게 편의를 제공하기 때문에 가능하면 피하는 것이 가장 좋다.

검색 경로

네임스페이스가 중요한 이유를 이해하려면 검색 경로에 대한 탄탄한 이해가 필요하다. 함수를 호출하기 위해 먼저 R이 그 함수를 찾아야 한다. R은 먼저 전역 환경(global environment)을 조사함으로써 이를 수행한다. R이 전역 환경에서 그 함수를 찾지 못하면 **부착한**(attatched) 모든 패키지 목록인 검색 경로에서 찾는다. search()를 실행하면 이 목록을 볼 수 있다. 예를 들어, 이 책에서 사용된 코드의 검색 경로는 다음과 같다.

```
search()
#>  [1] ".GlobalEnv"      "package:oldbookdown" "package:rmarkdown"
#>  [4] "package:stats"   "package:graphics"    "package:grDevices"
#>  [7] "package:utils"   "package:datasets"    "package:methods"
#> [10] "Autoloads"       "package:base"
```

패키지 로딩과 부착에는 중요한 차이점이 있다. 일반적으로 패키지를 로딩한다고 할 때 library()를 생각하지만, 이것은 실제로 패키지를 부착하는 것이다.

패키지가 설치되었다면,

- **로딩**(loading)은 코드, 데이터, 그리고 DLL을 로드한다. 즉, S3와 S4 메서드를 등록하고 .onLoad() 함수를 실행한다. 로딩 후에는 패키지를 메모리에서 사용할 수 있지만, 검색 경로에 없기 때문에 ::를 사용하지 않으면 해당 구성요소에 접근할 수 없다. 혼란스럽지만, ::는 아직 로드되지 않은 패키지도 자동으로 로드한다. 명시적으로 패키지를 로드하는 경우는 드물지만, requireNamespace() 또는 loadNamespace()로 할 수 있다.
- **부착**(attatching)은 패키지를 검색 경로에 배치한다. 먼저, 패키지를 로딩하지 않고 부착을 할 수는 없으므로 library() 또는 require() 모두 패키지를 로드한 후 부착한다. search()로 현재 부착된 패키지를 볼 수 있다.

패키지가 설치되어 있지 않으면 로딩(그리고 부착)이 실패하고 오류가 발생한다.

차이점을 더 명확하게 보려면 testthat 패키지의 expect_that()을 실행하는 두 가지 방법을 고려해 보라. library()를 사용하면 testthat이 검색 경로에 부착된다. ::를 사용하면 그렇지 않다.

```
old <- search()
testthat::expect_equal(1, 1)
setdiff(search(), old)
#> character(0)
expect_true(TRUE)
#> Error in expect_true(TRUE): could not find function "expect_true"

library(testthat)
expect_equal(1, 1)
setdiff(search(), old)
#> [1] "package:testthat"
expect_true(TRUE)
```

패키지를 사용할 수 있게 하는 네 가지 함수가 있다. 그 함수들은 로드 또는 부착 여부에 따라 다르며, 패키지가 검색되지 않는 경우 나타나는 방식(예를 들어, 오류를 내거나 FALSE를 반환)에 따라 다르다.

	오류 발생	FALSE 반환
로드	loadNamespace("x")	requireNamespace("x", quietly = TRUE)
부착	library(x)	require(x, quietly = TRUE)

네 가지 중 다음의 두 가지만 사용해야 한다.

- 데이터 분석 스크립트에서는 library(x)를 사용하라. 패키지가 설치되어 있지 않으면 오류를 내며 스크립트가 종료될 것이다. 키보드 입력을 줄이기 위해 패키지를 부착하고자 할 수 있지만, 절대로 패키지에서 library()를 사용하지 말라.
- 제안된 패키지의 설치 여부에 따른 특정 작업(예를 들어, 오류 발생)을 원할 경우 패키지 내에서 requireNamespace(x, quietly = TRUE)를 사용하라.

require() (requireNamespace()가 거의 항상 더 좋다) 또는 loadNamespace() (내부 R 코드에만 필요함)는 사용할 필요가 없다. 패키지 안에서 require() 또는 library()를 절대로 사용해서는 안 되며, 대신 **DESCRIPTION** 안에 있는 Depends 또는 Imports 필드를 사용하라.

이제 이전에 훑어본 중요한 문제를 다시 살펴보자. **DESCRIPTION**에서 Depends와 Imports 간의 차이점은 무엇인가? 언제, 어느 것을 사용해야 하는가?

Depends나 Imports에 패키지를 나열하면 필요할 때 패키지를 설치한다. 가장 큰 차이점은 Imports가 패키지를 로드하는 곳에서 Depends가 패키지를 부착한다는 것이다. 다른 차이점은 없다. 이 장의 나머지 내용은 패키지가 Depends 또는 Imports에 있는지 여부에 관계없이 적용된다.

다른 정당한 이유가 없는 한 항상 Depends가 아니라, Imports에 패키지를 나열해야 한다. 좋은 패키지는 독립적이며, (검색 경로를 포함한) 전역 환경의 변경을 최소화하기 때문이다. 유일한 예외는 자신의 패키지가 다른 패키지와 함께 사용되도록 설계된 경우이다. 예를 들어, analogue 패키지(https://bit.ly/2AyxOgG)는 vegan(https://bit.ly/2CPatcm)을 바탕으로 구축되었다. vegan이 없으면 유용하지 않으므로 Imports 대신 Depends에 vegan을 포함한다. 마찬가지로, ggplot2는 scales를 불러오는(Imports) 것이 아니라 그것에 의존성(Depends)이 있다.

이제 네임스페이스의 중요성을 이해했으므로 핵심적인 세부 사항을 살펴보자. 패키지 네임스페이스의 두 측면인 가져오기와 내보내기는 둘 모두 NAMESPACE 파일에 의해 기술된다. 다음 절에서 이 파일에 대해서 배우게 될 것이다. 그 후에는 함수와 기타 객체를 내보내고 가져오는 방법에 대해 자세히 배우게 될 것이다.

네임스페이스

다음의 코드는 testthat 패키지의 NAMESPACE 파일 중 일부이다.

```
# Generated by roxygen2 (4.0.2): do not edit by hand
S3method(as.character,expectation)
S3method(compare,character)
export(auto_test)
export(auto_test_package)
export(colourise)
export(context)
exportClasses(ListReporter)
exportClasses(MinimalReporter)
importFrom(methods,setRefClass)
useDynLib(testthat,duplicate_)
useDynLib(testthat,reassign_function)
```

NAMESPACE 파일은 R 코드와 약간 비슷하게 보인다. 각 줄에는 S3method(), export(), exportClasses() 등의 지시자(directive)가 있다. 각 지시자는 R 객체를 설명하고, 다른 사람이 사용하도록 이 패키지에서 내보내는 것인지 또는 로컬로 사용하기 위해 다른 패키지에서 가져온 것인지를 나타낸다.

총 8개의 네임스페이스 지시자가 있다. 그중 네 개가 내보내기를 기술한다.

export()
: 함수 내보내기(S3와 S4 제너릭 포함)

exportPattern()
: 패턴과 일치하는 모든 함수 내보내기

exportClasses()와 exportMethods()
: S4 클래스와 메서드 내보내기

S3method()
: S3 메서드 내보내기

다른 네 개는 가져오기를 설명한다.

import()
: 패키지의 모든 함수 가져오기

importFrom()
: 선택된 함수 가져오기(S4 제너릭 포함)

importClassesFrom()과 importMethodsFrom()
: S4 클래스와 메서드 가져오기

useDynLib()
: C 함수 가져오기(이 지시자에 대해서는 10장에서 보다 자세히 다룬다.)

이들 지시자를 직접 작성하는 것은 좋지 않다. 대신, 이 장에서는 roxygen2로 **NAMESPACE** 파일을 생성하는 방법을 배울 것이다. roxygen2를 사용하는 데에는 주요한 이점이 세 가지 있다.

- 네임스페이스 정의는 관련 함수 근처에 있으므로 코드를 읽을 때 가져오거나 내보내져야 할 대상을 쉽게 볼 수 있다.

- roxygen2는 **NAMESPACE**의 일부 세부 사항을 추상화한다. 함수, S3 메서드, S4 메서드, 그리고 S4 클래스에 대한 올바른 지시자를 자동으로 생성하는 @export라는 하나의 태그만 익히면 된다.

- roxygen2는 **NAMESPACE**를 깔끔하게 유지한다. @importFrom foo bar를 몇 번이나 사용하더라도 **NAMESPACE**에서 하나의 importFrom(foo, bar)만 갖게 될 것이다. 따라서 중심적인 한 곳에서 관리하기보다는 필요로 하는 모든 함수에 import 지시자를 쉽게 추가할 수 있다.

각 **NAMESPACE**나 **man/*.Rd**, 또는 둘 다 생성하기 위해 roxygen2를 사용하도록 선택할 수 있다. 네임스페이스 관련 태그를 사용하지 않으면 roxygen2가 **NAMESPACE**에 영향을 미치지 않는다. 마찬가지로, 문서화 관련 태그를 사용하지 않으면 roxygen2는 **man/**에 영향을 미치지 않는다.

워크플로

roxygen2로 네임 스페이스를 생성하는 것은 roxygen2로 함수 문서를 생성하는 것과 같다. (#' 으로 시작하는) roxygen2 블록과 (@로 시작하는) 태그를 사용한다. 워크플로는 동일하다.

1. **.R** 파일에 roxygen 주석을 추가한다.
2. roxygen 주석을 **.Rd** 파일로 변환하기 위해 `devtools::document()`를 실행하거나 RStudio에서 Ctrl/Cmd+Shift+D를 누른다.
3. 내용이 올바른지 확인하기 위해 **NAMESPACE**를 보고 테스트를 실행한다.
4. 올바른 함수를 내보낼 때까지 정리하고 반복한다.

Exports

패키지 외부에서 함수가 사용 가능하려면 그 함수를 내보내야 한다. `devtools::create()` 로 새 패키지를 만들 때 패키지에서 점(.)으로 시작하지 않는 모든 것을 내보내는 임시 **NAMESPACE**가 생성된다. 로컬에서 작업할 때는 패키지의 모든 내용을 내보내는 것이 좋다. 그러나 다른 사람들과 패키지를 공유할 계획이라면 필요한 함수만 내보내는 것이 좋다. 이렇게 하면 다른 패키지와 충돌할 가능성을 줄일 수 있다.

객체를 내보내기 위해 roxygen 블록에 @export를 삽입한다. 예를 들어, 다음과 같다.

```
#' @export
foo <- function(x, y, z) {
  ...
}
```

그러면 객체의 유형에 따라 export(), exportMethods(), exportClass(), 또는
S3method()가 생성된다.

다른 사람들이 사용하기를 바라는 함수를 내보낸다. 내보낸 함수를 문서화해야 하며, 다른 사
람들이 사용하고 있으므로 인터페이스를 변경할 때는 주의해야 한다. 일반적으로 너무 많이
내보내는 것보다는 매우 적게 내보내는 것이 좋다. 익숙하지 않은 것을 내보내기 쉬운데, 기존
의 코드를 손상시킬 수 있으므로 함수 내보내기를 중지하기 어렵다. 경고와 단순함의 측면에
서 항상 실수하라. 익숙한 것을 빼앗는 것보다 더 많은 기능성을 제공하는 것이 더 쉽다.

넓은 사용자층을 가진 패키지는 한 가지 역할을 잘 수행할 수 있어야 한다. 패키지의 모든 함
수는 하나의 문제(또는 밀접하게 관련된 문제 집합)와 관련되어야 한다. 해당 목적과 관련이 없는
기능이 내보내져서는 안 된다. 예를 들어, 필자가 작성한 대부분의 패키지에는 작고 유용한
함수를 많이 포함하고 있는 **utils.R** 파일이 있지만, 패키지의 핵심 목적은 아니다. 필자는 이
기능들을 내보내지 않는다.

```
# NULL 값에 대한 기본값
'%||%' <- function(a, b) if (is.null(a)) b else a

# 리스트에서 NULL 값들을 제거
compact <- function(x) {
  x[!vapply(x, is.null, logical(1))]
}
```

즉, 자신을 위해 패키지를 만들 때는 엄격하게 원칙을 따를 필요는 없다. 패키지의 내용을 알
고 있기 때문에 유용하다고 생각하는 함수를 포함하는 'misc' 패키지를 로컬에서 사용하는 것
이 좋다. 그러나 그 misc 패키지를 릴리스해야 할 필요는 없다.

다음 절에서는 S3, S4, 또는 RC를 사용하는 경우 내보내야 할 것에 대해 설명한다.

S3

다른 사람들이 S3 클래스 인스턴스를 생성할 수 있게 하려면 생성자 함수(constructor function)
를 @export로 내보내기 하라. S3 제너릭은 단지 정규 R 함수이므로 함수처럼 내보낼 수 있다.

S3 메서드에는 네 가지 시나리오가 있기 때문에 가장 복잡한 모습을 보인다.

내보내진 제너릭에 대한 메서드

모든 메서드를 내보낸다.

내부 제너릭에 대한 메서드

기술적으로 이러한 메서드를 내보낼 필요는 없다. 그러나 더 단순하고 찾기가 어려운 버그를 만들 가능성도 낮추기 때문에 작성하는 모든 S3 메서드를 내보내는 것이 좋다. 기억하지 못해서 내보내지 않은 모든 S3 메서드를 나열하기 위해 devtools::missing_s3()를 사용하라.

요구되는 패키지의 제너릭에 대한 메서드

제너릭을 가져와 (곧 나올 'imports' 절 참고) 메서드를 내보내야 한다.

제안된 패키지의 제너릭에 대한 메서드

네임스페이스 지시자는 사용 가능한 함수를 참조해야 하므로 제안된 패키지를 참조할 수 없다. 패키지 후크(hooks)와 코드를 사용하여 런타임에 추가할 수도 있지만, 현재 권장하지 않을 정도로 충분히 복잡하다. 대신, 이 시나리오를 피하는 방식으로 패키지 의존성을 설계해야 한다.

S4

S4 클래스의 경우, 다른 사람들이 클래스를 확장할 수 있게 하려면 @export로 내보낸다. 다른 사람들이 클래스 인스턴스를 만들지만 확장하지는 않게 하려면 @export로 클래스가 아니라 생성자 함수를 내보낸다. 예를 들어, 다음과 같다.

```
# new("A", ...)로 확장과 생성 가능
#' @export
setClass("A")

# new("B", ...)로 확장과 생성 가능. 자산의 코드에 인스턴스를
# 구축하기 위해 B()를 사용할 수 있지만, 다른 것은 그렇지 않음
#' @export
B <- setClass("B")

# C(...)와 new("C", ...)로 생성할 수 있지만,
# C로 확장하는 하위 클래스를 생성하지는 못함.
#' @export C
C <- setClass("C")

# D(...) 또는 new("D", ...)로 확장과 생성 가능
#' @export D
#' @exportClass D
D <- setClass("D")
```

S4 제너릭의 경우, 공개적으로 사용할 수 있게 하려면 @export를 사용한다.

마지막으로, S4 메서드는 정의하지 않은 제너릭에 대한 메서드만 @export로 내보내야 한다. 그러나 모든 메서드를 @export로 내보내는 것이 좋은 생각이다. 즉, 제너릭을 생성했는지 여부를 기억할 필요가 없는 방법이다.

RC

S4 클래스에 사용된 원칙이 RC에도 적용된다. 현재 RC가 구현된 방식 때문에 일반적으로 클래스가 패키지 외부로 확장되는 것이 불가능하다.

데이터

9장에서 배우게 될 것처럼 **data/**에 있는 파일은 일반적인 네임스페이스 메커니즘을 사용하지 않고 내보낼 필요가 없다.

Imports

NAMESPACE는 ::을 사용하지 않고 패키지에서 사용할 수 있는 외부 함수를 제어한다.

(Imports 필드를 통한) **DESCRIPTION**과 (import 지시자를 통한) **NAMESPACE**가 모두 가져오기와 관련되어 있는 것처럼 보이는 것은 혼란스럽다. 이러한 혼란은 단지 아쉬운 이름 선택의 결과이다. Imports 필드는 실제로 네임스페이스로 가져온 함수와 아무런 관련이 없다. 즉, 패키지가 있을 때 패키지가 설치되었는지를 확인한다. 함수를 사용할 수 있게 하는 것은 아니다. 패키지를 부착했는지 여부에 관계없이 정확히 동일한 방법으로 함수를 가져와야 한다.

Depends는 사용자에게 편의를 제공한다. 즉, 패키지가 부착되어 있으면 Depends에 나열된 모든 패키지도 부착된다. 패키지가 로드되면 Depends에 있는 패키지가 로드되지만, 부착되지 않으므로 함수 이름을 ::로 한정하거나 구체적으로 가져와야 한다.

DESCRIPTION의 Imports에는 보통 패키지가 나열되지만, **NAMESPACE**에는 나열되지 않는다. 사실, 권장되는 것은 다음과 같다. **DESCRIPTION**에 패키지를 나열하여 패키지가 설치되도록 한 다음, pkg::fun()으로 패키지를 명시적으로 참조하라. 이렇게 하지 않을 강한 이유가 없다면 명시적으로 하는 것이 좋다. 수행해야 할 작업이 조금 더 많지만, 나중에 코드를 돌아보면 훨씬 쉽게 읽을 수 있다. 그 반대는 그렇지 않다. **NAMESPACE**에 언급된 모든 패키지는 Imports 또는 Depends 필드에도 있어야 한다.

R 함수

다른 패키지에서 몇 가지 함수만 사용하는 경우, **DESCRIPTION** 파일의 Imports: 필드에 패키지 이름을 적고 명시적으로 함수를 호출하는 것이 좋다(예를 들어, pkg::fun()). 예를 들어, @importFrom magrittr %>%처럼 비슷한 방식으로 연산자(operator)를 가져올 수도 있다.

함수를 반복적으로 사용하는 경우, @importFrom pkg fun으로 함수를 가져와 ::를 사용하지 않을 수 있다. 이런 방식은 ::가 함수를 평가하는 데 약 5μs를 추가로 필요하기 때문에 약간의 성능 이점도 있다.

다른 패키지의 많은 함수를 반복적으로 사용하는 경우, @import package를 사용하여 그 모든 함수를 가져올 수 있다. 그러나 이런 방식은 (함수의 출처를 알 수 없으므로) 코드를 더 읽기 어렵게 만들고, 많은 패키지를 @import로 가져올 경우 함수 이름이 충돌할 가능성이 높아지므로 최소한으로 사용하는 것이 좋다.

S3

S3 제너릭은 함수일 뿐이므로 함수에 대한 규칙이 동일하게 적용된다. S3 메서드는 항상 제너릭을 동반하므로 (내재적 또는 명시적으로) 제너릭에 접근할 수 있다면 메서드도 사용할 수 있다. 즉, S3 메서드에 특별한 작업을 수행할 필요가 없다. 제너릭을 가져온다면 모든 메서드도 사용할 수 있다.

S4

다른 패키지에 정의된 클래스를 사용하려면 @importClassesFrom package ClassA ClassB ...을 가져온 클래스를 상속한 클래스 옆이나 가져온 클래스에 대해 제너릭을 구현하는 메서드 옆에 배치하라.

다른 패키지에 정의된 제너릭을 사용하려면 @importMethods package GenericA GenericB ...을 가져온 제너릭을 사용하는 메서드 옆에 배치하라.

S4가 메서드 패키지에 구현되었으므로 이를 사용할 수 있는지 확인해야 한다. 대화식으로 작업할 때 검색 경로에서 메서드 패키지를 항상 사용할 수 있지만, 명령줄에서 R을 실행하는 데 자주 사용되는 Rscript가 자동으로 로드하지 않기 때문에 간과하기 쉽다.

- R 3.2.0 이전: **DESCRIPTION**에 Depends: methods
- R 3.2.0 이후: **DESCRIPTION**에 Imports: methods

methods에서 많은 함수를 사용하게 될 것이므로 다음과 같이 전체 패키지를 가져오고자 할 것이다.

```
#' @import methods
NULL
```

또는 가장 일반적으로 사용되는 함수를 가져오려고 할 수도 있다.

```
#' @importFrom methods setClass setGeneric setMethod setRefClass
NULL
```

여기서는 이러한 지시어가 단지 하나의 함수에만 적용되지는 않는다는 것을 명확히 하기 위해 NULL을 문서화한다. 어디에 위치할지는 중요하지 않지만, 61쪽의 '패키지 문서화' 절에 설명된 대로 패키지 문서가 있으면 그것을 위치시키기에 자연스러운 곳이다.

컴파일된 함수

R에서 C/C++ 함수를 사용할 수 있게 하는 방법에 대해서는 10장에서 다룬다.

외부 데이터

패키지에 데이터를 포함시키는 것이 유용한 경우가 종종 있다. 패키지를 광범위한 사용자에게 릴리스한다면 패키지 함수에 대한 강력한 사용 예를 제공한다. 패키지를 특정 데이터(예를 들어, 뉴질랜드 인구통계 데이터) 또는 특정 주제(예를 들어, 인구통계학)에 관심이 있는 보다 구체적인 R 사용자에게 릴리스한다면 문서와 함께 해당 데이터를 릴리스한다.

패키지로 수행할 작업과 사용할 수 있는 사용자에 따라 패키지에 데이터를 포함시키는 주된 방법이 세 가지 있다.

- 바이너리 데이터를 저장하여 사용자가 사용할 수 있도록 하려면 **data/**에 넣는다. 이곳은 예제 데이터 세트를 넣기 위한 최적의 위치이다.
- 일반적인 목적으로 사용자가 사용할 수는 없지만, 파싱된 데이터(parsed data)를 저장하려 한다면 **R/sysdata.rda**에 넣는다. 이곳은 함수가 필요로 하는 데이터를 넣기 위한 최적의 위치이다.
- 원시 데이터를 저장하려면 **inst/extdata**에 넣는다.

이 세 가지 옵션과는 다른 방법으로 패키지 소스에 직접 작성하거나 dput()을 사용하여 기존 데이터 세트를 R 코드로 연결한다.

각 가능한 위치는 다음 절에 자세히 설명되어 있다.

내보내진 데이터

패키지 데이터의 가장 일반적인 위치는 (놀랍게도) **data/**이다. 이 디렉터리의 각 파일은 save()로 만든 (파일과 이름이 같은) 하나의 객체를 포함하는 **.RData** 파일이어야 한다. 이 규칙을 준수하는 가장 쉬운 방법은 devtools::use_data()를 사용하는 것이다.

```
x <- sample(1000)
devtools::use_data(x, mtcars)
```

.RData 파일이 이미 작고 빠르며 명시적이기 때문에 다른 유형의 파일을 사용할 수 있지만 권장하지는 않는다. 다른 옵션은 data()에 설명된다. 큰 데이터 세트라면 압축 설정을 시도해 볼 수 있다. 기본값은 **bzip2**이지만, 때로는 **gzip** 또는 **xz**로 보다 작은 파일로 만들 수 있다 (일반적으로 로딩 시간이 느려짐).

DESCRIPTION에 LazyData: true를 포함한 경우라면 데이터 세트가 지연되어 로딩된다. 즉, 그 데이터를 사용하기 전까지는 메모리를 차지하지 않는다. 다음 예제는 nycflights13 패키지를 로드하기 전후의 메모리 사용량을 보여준다. 패키지 내부에 저장된 비행 데이터 세트를 탐색할 때까지 메모리 사용량이 변경되지 않음을 알 수 있다.

```
pryr::mem_used()
#> 31.6 MB
library(nycflights13)
pryr::mem_used()
#> 33.3 MB

invisible(flights)
pryr::mem_used()
#> 74 MB
```

DESCRIPTION에 항상 LazyData: true를 포함하는 것이 좋다. devtools::create()가 이 작업을 수행한다.

흔히 **data/**에 있는 데이터는 다른 어떤 곳에서 수집한 원시 데이터의 정리된 버전이다. 이 작업을 수행하는 데 사용된 코드를 소스 버전의 패키지에서 포함하는 것이 좋다. 이렇게 하면 데이터 버전을 쉽게 업데이트하거나 재현할 수 있다. 이 코드를 **data-raw/**에 넣는 것이 좋다. 번들 버전 패키지에서는 이 패키지가 필요하지 않으므로 **.Rbuildignore**에도 추가하라. 이 모든 것을 다음의 한 단계로 할 수 있다.

```
devtools::use_data_raw()
```

최근의 일부 데이터 패키지에서 이 접근법을 실제로 볼 수 있다. 변화가 거의 없고 여러 패키지가 예제로 사용할 수 있기 때문에 필자는 그런 데이터를 다음과 같은 패키지로 만들어 놓았다.

- babynames(https://bit.ly/2F7rAsj)

- fueleconomy(https://bit.ly/2AxMH34)

- nasaweather(https://bit.ly/2TsfgG4)

- nycflights13(https://bit.ly/2Ruv3XI)

- usdanutrients(https://bit.ly/2Vw3H2z)

데이터 세트 문서화

data/에 있는 객체는 항상 효과적으로 내보내진다(**NAMESPACE**와 약간 다른 방식을 사용하지만, 세부 사항은 중요하지 않다). 이것은 그 데이터들이 문서화되어야 함을 의미한다. 데이터를 문서화하는 것은 사소한 차이가 있기는 하지만, 함수를 문서화하는 것과 유사하다. 직접 데이터를 문서화하는 대신, 데이터 세트의 이름을 문서화하고 R/에 저장한다. 예를 들어, *ggplot2*의 diamonds 데이터를 문서화하는 데 사용된 roxygen2 블록은 **R/data.R**로 저장되며, 다음과 같은 모습을 하고 있다.

```
#' Prices of 50,000 round cut diamonds.
#'
#' A dataset containing the prices and other attributes of almost 54,000
#' diamonds.
#'
#' @format A data frame with 53940 rows and 10 variables:
#' \describe{
#'   \item{price}{price, in US dollars}
#'   \item{carat}{weight of the diamond, in carats}
#'   ...
#' }
#' @source \url{http://www.diamondse.info/}
"diamonds"
```

데이터 세트를 문서화하는 데 중요한 두 개의 추가적인 태그가 있다.

@format
데이터 세트의 개요를 제공한다. 데이터 프레임의 경우는 각 변수를 설명하는 정의 목록을 포함해야 한다. 일반적으로 여기에 변수의 단위를 설명하는 것이 좋다.

@source
흔히 \url{} 같은, 데이터를 가져온 곳의 세부 정보를 제공한다.

절대로 @export로 데이터 세트를 내보내서는 안 된다.

내부 데이터

때때로 함수에 미리 계산된 데이터 표가 필요하다. 이 표를 **data/**에 넣으면 패키지 사용자들이 사용할 수 있게 되어 적절하지 않다. 대신, **R/sysdata.rda**에 저장할 수 있다. 예를 들어, Munsell(https://bit.ly/2QmdtAo)과 dichromat(https://bit.ly/2CQpN8E)이라는 두 가지 색상 관련 패키지는 **R/sysdata.rda**를 사용하여 큰 색상 표를 저장하고 있다.

internal = TRUE 인자로 devtools::use_data()를 사용하여 이 파일을 만들 수 있다.

```
<- sample(1000)
devtools::use_data(x, mtcars, internal = TRUE)
```

다시 말하지만, 이 데이터를 재현성 있게 만들기 위해서는 생성에 사용된 코드를 포함시키는 것이 좋다. 그 코드를 **data-raw/**에 넣어라.

R/sysdata.rda에 있는 객체는 내보내지지 않으므로(그렇게 해서도 안 된다) 문서화할 필요가 없다. 오로지 자신의 패키지 내에서만 사용할 수 있다.

원시 데이터

원시(raw) 데이터를 로딩/파싱하는 예제를 보이려면 원본 파일을 **inst/extdata**에 저장하라. 패키지가 설치되면 **inst/**의 모든 파일(과 폴더)이 최상위 디렉터리의 한 수준 위로 이동된다(따라서

R/ 또는 DESCRIPTION과 같은 이름을 가질 수 없다). inst/extdata에 있는 파일(설치 여부와 상관없이)을 참조하려면 system.file()을 사용하라. 예를 들어, testdat 패키지(https://bit.ly/2VD8zD4)는 inst/extdata를 사용하여 예제에 사용할 UTF-8로 인코딩된 csv 파일을 저장한다.

```
system.file("extdata", "2012.csv", package = "testdat")
#> [1] "/home/travis/R/Library/testdat/extdata/2012.csv"
```

기본적으로 파일이 존재하지 않으면 system.file()은 오류를 반환하지 않는다. 단지 빈 문자열만 반환함을 기억하라.

```
system.file("extdata", "2010.csv", package = "testdat")
#> [1] ""
```

파일이 존재하지 않을 때 오류 메시지를 나타내려면 mustWork = TRUE 인자를 추가하라.

```
system.file("extdata", "2010.csv", package = "testdat", mustWork = TRUE)
#> Error in system.file("extdata", "2010.csv", package = "testdat", mustWork =
TRUE): no file found
```

다른 데이터

데이터를 다른 두 가지 용도로 사용할 수 있다.

테스트용 데이터

　테스트 디렉터리에 작은 파일을 직접 저장하는 것이 좋다. 그러나 단위 테스트는 성능이 아니라 정확성을 테스트하기 위한 것이므로 크기를 작게 유지하라.

비네트용 데이터

　이미 로드된 데이터 세트로 작업하는 방법을 보이려면 해당 데이터를 data/에 넣는다. 원시 데이터를 로드하는 방법을 보이려면 해당 데이터를 inst/extdata에 넣는다.

CRAN 노트

일반적으로 패키지 데이터는 메가바이트보다 작아야 한다. 더 크다면 크기를 줄이기 위해 애써야 한다. 데이터가 자체 패키지에 있고 자주 업데이트되지 않는 경우라면 일반적으로 더 쉽게 수행할 수 있다. 또한, 데이터가 최적으로 압축되었는지도 확인해야 한다.

1. tools::checkRdaFiles()를 실행하여 각 파일에 가장 적합한 압축 방식을 결정하라.

2. compress 인자를 적절한 값으로 설정하여 devtools::use_data()를 다시 실행하라. 파일을 재생성하는 코드가 없으면 tools::resaveRdaFiles()를 사용하여 다시 저장할 수 있다.

10

컴파일된 코드

R은 고수준(high-level)의 표현 언어(expressive language)이다. 그러나 그 표현력은 속도 희생이 따른다. 그렇기 때문에 C 또는 C++ 같은 저수준(low-level)의 컴파일 언어를 통합하면 R 코드를 강력하게 보완할 수 있다. C와 C++은 동일한 문제를 해결하기 위해 더 많은 코드 라인(그리고 더 신중한 생각)이 필요할 수도 있지만, R보다 훨씬 빠른 속도를 얻을 수 있다.

불행히도 C 또는 C++로 프로그래밍하는 방법을 알려주는 것은 이 책의 범위를 벗어난다. 배우고 싶다면 C++과 Rcpp 패키지로 시작하는 것이 좋다. Rcpp를 사용하면 C++을 R에 쉽게 연결할 수 있다. 이와 관련된 전체 프로세스를 용이하게 하는 도구가 많이 있는 RStudio를 사용하는 것도 좋다. 《해들리 위컴의 Advanced R》(제이펍)의 '고성능 함수와 Rcpp(http://adv-r.had.co.nz/Rcpp.html)' 장을 읽는 것으로 시작하라. 여기에서는 익숙한 R 코드를 C++로 변환하는 예제를 친절하게 소개하고 있다. 다음으로, Rcpp 책(http://www.rcpp.org/book)과 추가 학습 자료(https://bit.ly/2QolncC)를 확인하라.

C++

Rcpp로 패키지를 설정하려면 다음을 실행하라.

```
devtools::use_rcpp()
```

이것은 다음과 같은 효과가 있다.

- .cpp 파일을 저장할 **src/** 디렉터리를 만든다.

- **Rcpp**를 DESCRIPTION의 LinkingTo와 Imports 필드에 추가한다.

- **.gitignore** 파일을 설정하여 컴파일된 파일을 실수로 등록하지 않도록 한다(자세한 내용은
  13장에서 다룬다).

- 패키지에 추가해야 하는 두 개의 roxygen 태그를 알려준다.

```
#' @useDynLib your-package-name
#' @importFrom Rcpp sourceCpp
NULL
#> NULL
```

워크플로

설정을 완료한 후에는 기본적인 워크플로에 익숙해져야 한다.

1. 그림 10-1과 같이 새로운 C++ 파일을 생성한다.

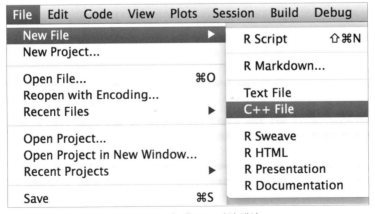

그림 10-1 새로운 C++ 파일 생성

기본 템플릿은 다음과 같다.

```
#include <Rcpp.h>
using namespace Rcpp;

// 아래는 C++ 함수를 R로 내보내는 간단한 사례이다.
// Rcpp::sourceCpp 함수(또는 편집기 도구줄의 Source 버튼)을 이용하여
// 이 함수를 R 세션에서 소스로 사용할 수 있다.

// Rcpp 사용에 대해 더 많은 내용을 보고 싶다면, 편집기 도구줄의 Help 버튼을 클릭하라.

// [[Rcpp::export]]
int timesTwo(int x) {
    return x * 2;
}
```

여기에는 기본 함수와 시작하는 데 필요한 몇 가지 지침이 포함되어 있다. 가장 중요한 두 부분은 헤더 부분인 #include와 특수 속성 부분인 // [[Rcpp :: export]]이다.

2. Ctrl/Cmd+Shift+D로 문서화하여 **NAMESPACE**에 필요한 수정 사항을 생성하라.

3. 빌드 영역에서 Build & Reload를 클릭하거나 Ctrl/Cmd+Shift+B를 누른다. 표준적인 devtools::load_all() 프로세스를 계속 사용할 수 있지만 위험하다. C 코드를 로딩하고 언로딩하기 때문에 메모리가 손상될 확률이 높아진다. 그러므로 보다 느리지만 안전한 Build & Reload로 패키지를 설치한 후에 R을 다시 시작하는 것이 좋다.

4. 콘솔에서 timesTwo(10)을 실행하여 작동하는지 확인하라.

뒤에서는 'Build and Reload'로 많은 작업을 수행한다. 특히, 다음과 같다.

• 코드를 컴파일하고 필요한 부분이 누락된 경우에 경고를 주기 위한 R 환경을 설정한다.

• Rcpp::compileAttributes()를 호출한다. 이렇게 하면 .cpp 함수가 // [[Rcpp :: export]] 형식의 속성을 찾는다. 하나를 찾으면 R에서 사용할 수 있는 함수를 만드는 데 필요한 코드를 생성하고, **src/RcppExports.cpp**와 **R/RcppExports.R**을 만든다. 이러한 파일을 직접 수정해서는 안 된다.

• 동적 링크 라이브러리(DLL, Dynamically Linked Library)를 빌드하여 R에서 사용할 수 있도록 한다.

문서화

내보내진 각 C++ 함수는 자동으로 래퍼 함수를 갖는다(**R/RcppExports.R**에 위치). 예를 들어, R 버전의 timesTwo() 함수는 다음과 같다.

```
timesTwo <- function(x) {
  .Call('timesTwo', PACKAGE = 'mypackage', x)
}
```

이 함수는 base 함수인 .Call()을 사용하여 mypackage가 제공하는 C 함수인 timesTwo를 실행한다. roxygen2를 사용하여 이것을 정규 R 함수처럼 문서화할 수 있다. 하지만 #' 주석 대신에 C++ 스타일인 //'을 주석에 사용한다.

```
//' 어떤 숫자에 2를 곱함
//'
//' @param x 어떤 정수 하나
//' @export
// [[Rcpp::export]]
int timesTwo(int x) {
    return x * 2;
}
```

이것은 **R/RcppExports.R**에 roxygen 주석을 생성한다.

```
#' 어떤 숫자에 2를 곱함
#'
#' @param x 어떤 정수 하나
#' @export
timesTwo <- function(x) {
  .Call('timesTwo', PACKAGE = 'mypackage', x)
}
```

두 가지 내보내기 지시자의 차이점은 중요하다.

- [[Rcpp :: export]]는 R에서 C++ 함수를 사용할 수 있게 한다. 정확한 세부 정보를 기억하는 데 어려움이 있다면 두 개의 \, 두 개의 [, 두 개의 :, 그리고 두 개의]처럼 모든 것이 두 개라는 점을 기억하라.

- @export는 R 래퍼 함수를 **NAMESPACE**에 추가하여 패키지 외부에서 사용할 수 있도록 한다.

C++ 코드 내보내기

C++ 코드를 다른 패키지의 C++ 코드에서 호출할 수 있게 하려면 다음을 추가하라.

```
// [[Rcpp::interfaces(r, cpp)]]
```

이것은 다른 패키지에 포함될 수 있는 inst/include/mypackage.h라는 헤더 파일을 생성한다(저수준 세부 정보는 124쪽의 'C 코드 내보내기' 절에 설명되어 있다). 직접 작성한 헤더 파일과 자동으로 생성된 헤더 파일을 결합하는 방법을 포함하여 자세한 내용은 'Rcpp 속성' 문서(https://bit.ly/2HW2nT6)를 참고하라.

C++ 코드 가져오기

다른 패키지에서 C++ 코드를 사용하려면 다음의 단계를 따른다.

1. DESCRIPTION에 LinkingTo: otherPackage를 추가한다. 혼란스럽지만 이것은 연결자(linker)와 아무 관련이 없다. LinkingTo라 불리는 이유는 다른 경로를 포함하는 **otherPackage/include**를 포함 경로(include path)에 추가하여 헤더를 통해 다른 코드에 동적으로 '연결'할 수 있기 때문이다.

2. C++ 파일에 다음을 추가한다.

```
#include <otherPackage.h>
```

3. otherPackage의 C++ 함수는 otherPackage 네임스페이스에 포함된다. otherPackage::foo()를 사용하여 함수에 접근하거나, using namespace otherPackage로 전역적으로 사용할 수 있도록 한다.

모범 사례

다음은 기억할 만한 몇 가지 모범 사례이다.

- 출력을 인쇄하려면 Rcout << ...(cout << ...이 아님)을 사용한다. 이것은 GUI 콘솔 또는 파일(sink()가 활성화된 경우) 중 올바른 위치에 인쇄한다.
- 시간이 오래 걸리는 루프에서는 정기적으로 Rcpp::checkUserInterrupt()를 실행한다. 사용자가 R에서 Ctrl+C 또는 Escape를 입력하면 C++ 코드 실행을 중단한다.

- header와 include 파일에는 **.h** 확장자를 사용한다(이렇게 하지 않으면 **R CMD check**를 실행할 때 오류가 발생할 것이다).

- R 패키키를 위한 Portable C++(https://bit.ly/2SDIMZk)에 대한 마틴 플러머(Martyn Plummer)의 권고 사항을 참고하라.

- 패키지에서 C++ 코드를 사용할 때마다 패키지를 언로드할 때 정리해야 한다. DLL을 언로드하는 **.onUnload()** 함수를 작성하여 이를 수행한다.

```
.onUnload <- function (libpath) {
  library.dynam.unload("mypackage", libpath)
}
```

- C++ 코드를 컴파일하기 위해 gcc 대신 clang을 사용한다. 훨씬 좋은 오류 메시지가 나타나기 때문이다. (리눅스와 맥의 경우) **.R/Makevars** 파일 또는 (윈도우의 경우) **.R/Makevars.win** 파일을 다음을 갖고 있는 홈 디렉터리에 생성하여 clang을 기본값으로 만들 수 있다.

```
CXX=clang++
```

(만약 자신의 홈 디렉터리가 어디인지 모른다면 path.expand("~")를 실행하여 알아낼 수 있다.)

- 리눅스 또는 맥에서 컴파일 속도를 높이려면 ccache를 설치한 다음, ~/.R/Makevars를 다음과 같이 바꾼다.

```
CC=ccache clang -Qunused-arguments
CXX=ccache clang++ -Qunused-arguments
CCACHE_CPP2=yes
```

C

새로운 컴파일된 코드를 작성한다면 Rcpp를 사용하는 것이 거의 항상 좋다. 작업량과 일관성, 좋은 문서화, 그리고 더 좋은 도구를 활용할 수 있기 때문이다. 그러나 C를 선택해야 하는 몇 가지 이유가 있다.

- 이미 C API를 사용하는 이전 패키지로 작업하는 경우
- 기존 C 라이브러리에 바인딩되는 경우

R에서 C 함수를 호출하는 방법이 두 가지 있는데, .C()와 .Call()이 그것이다. .C()는 R 벡터와 이에 대응하는 C 유형을 자동으로 변환하기 때문에, R의 작동 방식과는 아무런 연계가 없는 C 함수를 호출하는 약식 방법이다. .Call()은 보다 유연하지만 더 많은 작업이 필요하다. 즉, C 함수는 입력을 표준 C 데이터 유형으로 변환하기 위해 R API를 사용해야 한다.

.Call()로 시작하기

R에서 C 함수를 호출하려면 먼저 C 함수가 필요하다. R 패키지에서 C 코드는 **src/**의 **.c** 파일에 있다. 두 개의 헤더 파일을 포함해야 한다.

```
#include <R.h>
#include <Rinternals.h>
```

(그렇다. <Rinternals.h>를 포함하는 것이 좋지 않은 형태로 보인다. 게다가 추가적인 플래그를 설정하지 않는 한, 실제로 'internal'이라는 내부 API에 접근할 수 없다. 기본값을 사용하면 필요와 안전을 목적으로 'public'이라는 내부 API에 접근할 수 있다. 이런 점은 혼란스러운 것이 사실이다.)

이런 헤더를 사용하여 R의 C API에 접근할 수 있다. 불행히도, 이 API는 문서화가 잘 되어 있지 않다. R의 C 인터페이스(https://bit.ly/2RuJACB)의 노트로 시작하는 것이 좋다. 그 후에 〈R 확장 프로그램 작성하기〉 매뉴얼의 'The R API(https://bit.ly/2QmeOao)'를 읽어보라. 내보내진 많은 함수가 문서화되어 있지 않으므로 R 소스 코드(https://bit.ly/2RylFCd)를 읽고 세부 사항을 찾기도 해야 한다.

최소한 R과 통신하는 C 함수는 입력과 출력 모두에 대해 SEXP 유형을 사용해야 한다는 것은 알아야 한다. SEXP(S 표현식의 약자)는 R의 모든 객체 유형을 나타내는 데 사용되는 C 구조체이다. 일반적으로 C 함수는 SEXP를 원자적(atomic) C 객체로 변환하는 것으로 시작하여, C 객체를 다시 SEXP로 변환하는 것으로 마친다(R API는 흔히 이러한 변환이 사본을 생성할 필요가 없도록 설계되었다.) 다음 표는 길이가 1인 R 벡터를 C 스칼라로 변환하는(그 반대 방향으로 작동하는) 함수를 나타낸다.

R 유형	C 유형	R -> C	C -> R
정수형	int	asInteger(x)	ScalarInteger(x)
수치형	double	asReal(x)	ScalarReal(x)
논리형	int	asLogical(x)	ScalarLogical(x)
문자형	const char*	CHAR(asChar(x))	mkString(x)

이제 충분히 두 개의 숫자를 더하는 간단한 C 함수를 작성할 수 있다.

```
#include <R.h>
#include <Rinternals.h>

SEXP add_(SEXP x_, SEXP y_) {
  double x = asReal(x_);
  double y = asReal(y_);

  double sum = x + y;

  return ScalarReal(sum);
}
```

이 함수를 .Call()로 R에서 호출한다.

```
#' @useDynLib mypackage add_
add <- function(x, y) .Call(add_, x, y)
```

.Call()의 첫 번째 인자인 add_는 어디에서 온 것인가? 이 인자는 @useDynLib에서 온 것인데, **NAMESPACE**에 다음과 같은 줄을 생성한다.

```
useDynLib(mypackage, add_)
```

이 지시자는 R에 add_라는 객체의 생성을 지시하여 C 함수의 포인터(pointer)를 설명한다.

```
mypackage:::add_
#> $name
#> [1] "add_"
#>
#> $address
#> <pointer: 0x107be3f40>
#> $package
#> NULL
```

```
#>
#> attr(,"class")
#> [1] "NativeSymbolInfo"
```

.Call()은 C 함수에 대한 포인터를 취하여 호출한다. 모든 R 객체는 사용자가 예상한 인자의 유형을 확인하는 데 필요한 것과 동일한 C 유형(SEXP)을 갖는다. R 함수나 C 함수에서 그렇게 하거나, 또는 실수로 잘못된 유형의 입력을 제공할 때마다 R이 충돌한다는 것을 알아두어야 한다.

.Call() 인터페이스로 작업하는 데 가장 복잡한 부분은 메모리 관리이다. R 수준 데이터 구조를 생성할 때마다 가비지 컬렉터(garbage collector)가 해제하지 않도록 PROTECT()로 보호한 다음, 함수의 끝에서 UNPROTECT()를 수행해야 한다. 이 주제는 이 장의 범위를 벗어나지만, 《해들리 위컴의 Advanced R》(제이펍)에서 'R의 C 인터페이스' 장의 '벡터의 생성과 수정(Creating and modifying vectors)'(https://bit.ly/2RuJACB) 절에서 자세한 내용을 확인할 수 있다.

.C()로 시작하기

.C()는 .Call()보다 간단하며, 이미 표준 C 코드가 있는 경우에 유용하다. .C()에서 R 객체를 만드는 경우는 없으므로 메모리 관리에 대해서는 전혀 걱정할 필요가 없다. 이를 사용하려면 값을 반환하기 위해 제자리 수정(in-place modification) 함수 파라미터를 활용한 void C 함수를 먼저 작성한다.

```
void add_(double* x, double* y, double* out) {
  out[0] = x[0] + y[0];
}
```

그런 다음, .Call() 같은 R 래퍼를 생성한다.

```
#' @useDynLib mypackage add_
add <- function(x, y) {
  .C(add_, x, y, numeric(1))[[3]]
}
```

(여기에서는 out 파라미터에 해당하므로 결과의 세 번째 요소를 추출한다.)

.C()는 자동으로 R 벡터와 그와 대응하는 C 유형을 서로 변환한다. 다음의 표는 R 유형과 대응하는 C 유형을 나타낸다.

R 유형	C 유형
논리형	int*
정수형	int*
더블형	double*
문자형	char**
수치형	unsigned char*

.C()는 함수가 결측값(missing value)을 처리하는 방법을 알지 못한다고 가정되므로 어떤 인자에 NA가 포함되어 있으면 오류가 발생한다. 결측값을 올바르게 처리할 수 있으면 .C() 호출에서 NAOK = TRUE로 설정하라.

.C()에 대해 더 알고 싶다면 ?.C로 도움말을 보거나 〈R 확장 프로그램 작성하기〉 매뉴얼을 살펴보라.

워크플로

일반적인 워크플로가 계속 적용된다.

1. C 코드를 수정한다.

2. Ctrl/Cmd+Shift+B를 사용하여 패키지를 빌드하고 다시 로딩한다.

3. 콘솔에서 실험해 본다.

@useDynLib를 처음 추가할 때 devtools::document()(Ctrl/Cmd+Shift+D) 실행과 패키지 로드도 다시 해야 한다.

C 코드 내보내기

R 패키지는 재배치될 수 있는(즉, 디스크의 어디에 있든지 상관없이 작동하는) DLL을 제공해야 한다. 대부분의 R 사용자는 소스로 패키지를 빌드하지 않기 때문이다. 대신, 그 R 사용자는 CRAN에서 여러 다른 장소에 설치할 수 있는 바이너리[1]를 얻는다. 재배치 가능한 DLL을 필요로 하므로 R 패키지를 위한 C 코드를 가져오거나 내보내는 작업에 몇 가지 단계를 추가한다(C++에서도 동일한 문제가 발생하지만, Rcpp 속성은 다음에 설명된 수동적인 단계를 자동화한다).

---

1 <u>옮긴이</u> 여기에서의 바이너리(binaries)는 이제까지 보았던 대부분의 설치 방식(install.packages())에 사용되는 설치 파일을 말한다.

R은 **함수 등록**(function registration)을 사용하여 이 문제를 해결한다. .Call() C 함수를 내보내기 위해 R_RegisterCCallable()로 그 함수를 등록한다. .Call() C 함수를 가져오려면 R_GetCCallable()을 사용하여 그 함수의 포인터를 가져온다. 유사한 방법을 .C() C 함수에서 사용할 수 있지만, 이 책의 범위를 벗어난다. 잠깐 볼 수 있겠지만, 사용자 친화적인 패키지는 이 두 가지 작업을 모두 수행하므로 패키지 사용자는 세부 정보를 무시하고 간단히 헤더 파일을 포함할 수 있다.

혼란스러울 수 있지만, 다른 유형의 함수 등록 방법도 있다. 네임스페이스(즉, @useDynLib pkg fun)를 사용하여 C 함수를 등록하는 대신, R_registerRoutines()와 @useDynLib mypackage, .registration = TRUE로 등록할 수 있다. 자세한 내용은 〈R 확장 프로그램 작성하기〉 매뉴얼의 the 'Registering native routines(https://bit.ly/2RytyYl)' 절을 참고하라.

함수를 등록하기 위해 <**R_ext/Rdynload.h**>에 정의된 R_RegisterCCallable()을 호출하라. 함수 등록은 R_init_<mypackage>라는 함수에서 수행되어야 한다. 이 함수는 'mypackage' DLL이 로드될 때 자동으로 호출된다. R_RegisterCCallable()에는 세 개의 인자가 있다.

- DLL 포인터
- 함수의 이름
- DL_FUNC(즉, 동적으로 로드된 함수, dynamically loaded function)로 캐스팅된 함수에 대한 포인터

다음의 코드는 위에 정의된 add_() 함수를 등록한다.

```
#include "add.h"
#include <R_ext/Rdynload.h>

void R_init_mypackage(DllInfo *info) {
  R_RegisterCCallable("mypackage", "add",  (DL_FUNC) &add_);
}
```

이 코드의 위치는 중요하지 않지만, 일반적으로 **src/mypackage-init.c** 파일에 삽입한다.

다른 패키지에서 등록된 함수에 접근하기 위해 R_GetCCallable()을 호출하라. 이 함수에는 패키지 이름과 함수 이름의 두 개의 인자가 있으며, 함수 포인터를 반환한다. 함수 포인터에는 유형(type)과 관련된 정보가 없으므로 항상 입력을 정의하는 도우미 함수로 래핑해야 한다.

```
#include <R_ext/Rdynload.h>
#include <R.h>
#include <Rinternals.h>

SEXP add_(SEXP x, SEXP y) {
  static SEXP(*fun)(SEXP, SEXP) = NULL;
  if (fun == NULL)
    fun = (SEXP(*)(SEXP, SEXP)) R_GetCCallable("mypackage", "add");
  return fun(x, y);
}
```

이 작업을 올바르게 수행하기 위해서는 C 코드를 가져오는 각 패키지에 의존하는 대신, 직접 수행해야 한다. 내보낸 함수마다 래퍼 함수를 제공하는 **inst/include/mypackageAPI.h**를 작성하라. 이 작업에 많이 쓰이는 패키지는 xts(https://bit.ly/2sc3SIX)이다. 소스 패키지를 다운로드하고 무슨 작업이 수행되는지 확인하기 위해 **include/** 디렉터리를 살펴보라.

C 코드 가져오기

다른 패키지에서 C 코드를 사용하는 방법은 패키지 구현 방법에 따라 다르다.

- 위에서 설명한 시스템을 사용할 때는 **DESCRIPTION**에 LinkingTo: otherPackage가 필요하고, C 파일에 #include otherPackageAPI.h가 있어야 한다(LinkingTo는 링커가 아니라, include 경로에 실제로 영향을 미친다는 것을 기억하라).

- 함수를 등록했지만, 헤더 파일을 제공하지 않으면 래퍼를 직접 작성해야 한다. 패키지에서 헤더 파일을 사용하지 않으므로 LinkingTo가 아니라 Imports를 사용하라. 패키지가 로드되었는지도 확인해야 한다. @importFrom mypackage foo로 함수를 가져오거나 .onLoad()에 requireNamespace("mypackage", quietly = TRUE)를 추가하여 이 작업을 할 수 있다.

- 함수를 등록하지 않으면 사용할 수 없다. 관리자에게 정중하게 요청하거나 풀 리퀘스트(pull request)를 제공해야 한다.

모범 사례

R에 C 코드를 작성하는 것은 R 외부에서 C 코드를 작성하는 것과는 약간 다르다. 다음은 유의해야 할 몇 가지 모범 사례이다.

- assert(), abort(), 그리고 exit() 호출을 피하라. 이것은 C 코드뿐만 아니라 R 프

로세스도 종료한다. 대신, R에서 stop()을 호출하는 것과 같은 error()를 사용하라.

- 출력을 인쇄하려면 printf()가 아니라 Rprintf()를 사용한다. 이렇게 하면 GUI 콘솔인지 아니면(sink()가 활성화되어 있으면) 파일인지에 관계없이 항상 올바른 위치에 인쇄한다.

- 시간이 오래 걸리는 루프에서는 사용자가 C 코드를 중단할 수 있도록 규칙적으로 R_CheckUserInterrupt()를 호출한다.

- (rand() 또는 random() 같은) C의 난수 생성기(random number generators)를 사용하지 말고, 대신 R의 난수 생성기에 대한 C API인 unif_rand(), norm_rand() 등을 사용한다. 'Random number generation(https://bit.ly/2CR6coU)'의 주의 사항에 유의하라. 사전에 GetRNGstate()를 호출하고 후에 PutRNGstate()를 호출해야 한다.

- NaN과 무한값을 확인하기 위해 R의 매크로인 ISNAN(x)과 R_FINITE(x)를 사용한다. C99의 isnan()과 isfinite()보다 더 다양한 플랫폼에서 작동한다.

- C++과 마찬가지로, 패키지에서 C 코드를 사용할 때마다 패키지를 언로드할 때 DLL을 언로드해야 한다.

```
.onUnload <- function (libpath) {
  library.dynam.unload("mypackage", libpath)
}
```

- C 코드를 컴파일하기 위해 gcc 대신 clang을 사용한다. 이렇게 하면 훨씬 좋은 오류 메시지를 얻을 수 있다. 다음을 포함하는 ~/R/Makevars 파일을 생성하여 clang을 기본값으로 만들 수 있다.

```
C=clang
```

컴파일된 코드의 디버깅

약간의 추가 작업만으로 browser()와 debug()를 사용하여 R 코드를 디버깅하는 것과 동일한 방법으로 C/C++ 코드를 대화식 디버거(debugger)로 디버깅할 수 있다. 아쉽지만, RStudio를 사용할 수 없으므로 명령줄에서 R을 실행해야 한다.

셸을 열고(예를 들어, Tools ➡ Shell ...) 다음을 입력하여 R을 시작한다.

```
# clang으로 컴파일한다면
R --debugger=lldb
# gcc로 컴파일한다면
R --debugger=gdb
```

이렇게 하면 clang 또는 gcc에 의해 생성된 코드와 작동하는 디버거인 lldb(http://lldb.llvm.org) 또는 gdb(http://www.gnu.org/software/gdb)가 시작된다. R과 마찬가지로, lldb와 gdb는 명령을 입력한 다음 결과를 보는 실행-평가-인쇄 루프(REPL, Run-Eval-Print Loop)를 제공한다. 아래 예제에서 lldb의 결과를 볼 수 있다(gdb의 출력도 유사하다). 각 대화식 명령에 대해 명시적이지만 길이가 긴 lldb 명령과 간결하지만 난해한 gdb 명령을 알려줄 것이다. lldb는 모든 gdb 명령을 사용할 수 있으므로 명시적인 것과 간결한 것 중 하나를 선택할 수 있다.

디버거를 시작했으면 process start (lldb) 또는 run (gdb)를 입력하여 R을 시작한다. 이제 C/C++ 코드가 충돌할 때 난해한 오류 메시지와 충돌을 겪는 대신 대화식 디버거로 진입한다.

메모리에 작성하는 간단한 C++ 함수부터 시작하자.

```
Rcpp::cppFunction("
bool mistake() {
  NumericVector x(1);
  int n = INT_MAX;
  x[n] = 0;
  return true;
}
", plugins = "debug", verbose = TRUE, rebuild = TRUE)
mistake()
```

현재 패키지를 로드하려면 devtools::load_all()을 사용하라. 그런 후에 버그를 만드는 코드를 복사하여 붙여넣는다. 다음은 작업 중인 패키지의 충돌 보고서이다.

```
Process 32743 stopped
* thread #1: tid = 0x1f79f6, 0x... gggeom.so...'
    frame #0: 0x0.. gggeom.so'vw_distance(x=..., y=...) + ... at vw-distance.cpp:54
   51          int prev_idx = prev[idx];
   52
   53          next[prev[idx]] = next_idx;
-> 54          prev[next[idx]] = prev_idx;
   55          prev[idx] = -1;
   56          next[idx] = -1;
   57
```

이 보고서는 EXC_BAD_ACCESS 때문에 충돌이 발생했다는 것을 알려준다. 이와 같은 충돌은 C/C++ 코드에서 가장 일반적인 유형 중 하나이다. lldb는 문제를 일으킨 C++ 코드 줄을 정확히 보여준다. 즉, vw-distance.cpp:54를 말한다. 흔히 문제가 발생한 곳을 아는 것만으로 문제를 해결할 수 있다. 그러나 현재 대화식 프롬프트에 있기도 하다. 이 프롬프트에서 진행 내용을 알아보기 위해 실행할 수 있는 명령이 많이 있다. 가장 유용한 것들은 다음과 같다.

- 모든 명령 목록을 확인: help

- thread backtrace/bt로 호출 스택(callstack)에 위치 표시. R의 traceback()과 매우 흡사하게 오류가 발생하기 전까지의 호출 목록을 인쇄한다. Frame select <n> 또는 frame <n> 또는 위/아래로 호출 스택을 탐색한다.

- thread step-over 또는 next로 다음 표현식을 평가하거나, thread step-in 또는 step으로 다음 단계로 진행한다. thread step-out 또는 finish로 나머지 코드의 실행을 계속한다.

- 현재 프레임에 정의된 모든 변수를 frame variable 또는 info locals로 표시하거나, frame variable <var> 또는 p <var>로 단일 변수의 값을 인쇄한다.

충돌이 발생하기를 기다리는 대신, 코드에 중단점(breakpoints)을 설정할 수도 있다. 이렇게 하려면 디버거를 시작하고 R을 실행한다. 그런 다음 아래의 절차를 수행하라.

1. Ctrl+C를 누른다.

2. breakpoint set --file foo.c --line 12 또는 break foo.c:12를 입력한다.

3. process continue 또는 c를 입력하여 R 콘솔로 돌아간다. 이제 디버깅 대상인 C 코드를 실행하면 디버거가 지정된 줄에 도달할 때 중지된다.

C++ 코드의 모든 예외에 중단점을 설정할 수도 있다. 이렇게 하면 C++ 오류가 발생한 위치를 정확히 파악할 수 있다.

1. Ctrl+C를 누른다.

2. `breakpoint set -E c++`를 입력한다.

3. `process continue` 또는 `c`를 입력하여 R 콘솔로 돌아간다. 이제 어떤 예외가 C++ 코드(또는 Rcpp 코드로 래핑될 때 R의 C API에 의해)에 발생하면 디버거가 중지된다.

마지막으로, 코드가 무한 루프에 빠진 경우에 디버거를 사용할 수도 있다. Ctrl+C를 눌러 디버거를 중단하면 문제의 원인이 되는 코드 줄을 확인할 수 있다.

makefiles

makefiles는 이 책의 범위를 벗어나지만, 유용한 도구이다. 재현 가능한 연구(reproducible research)에 중점을 둔 훌륭하고 친절한 소개서로 칼 브로먼(Karl Broman)의 'Minimal make(http://kbroman.org/minimal_make)'가 있다.

일반적으로, R 패키지는 사용자 정의 Makefile을 사용하지 않아야 한다. 대신, Makevars를 사용하라. Makevars는 (file.path(R.home("etc"), "Makeconf")에 있는) R이 생성한 기본 makefile을 덮어 쓰는 makefile이다. 이 Makevars를 사용하면 필요한 플래그를 설정할 수 있는 동시에 R의 기본 작동(150줄이 넘고, 여러 해에 걸쳐 많은 시스템에서 현장 검증되어 사용자가 사용하길 원하는 것이다)을 활용할 수 있다. 가장 일반적으로 사용되는 플래그는 다음과 같다.

PKG_LIBS

링커 플래그. 일반적인 사용법은 `PKG_LIBS = $(BLAS_LIBS)`이다. 이 플래그를 사용하면 R과 동일한 BLAS 라이브러리를 사용할 수 있다.

PKG_CFLAGS와 PKG_CXXFLAGS

C와 C++ 플래그. `-D`로 정의 지시자를 설정하는 데 가장 일반적으로 사용

PKG_CPPFLAGS

전처리기(preprocessor) 플래그(C++ 플래그가 아님). `-I`로 디렉터리를 포함하도록 설정하는 데 가장 일반적으로 사용된다. **DESCRIPTION**의 LinkingTo 필드에 나열된 패키지는 자동으로 포함되므로 명시적으로 추가할 필요가 없다.

윈도우에서만 플래그를 설정하려면 **Makevars.win**을 사용하라. configure로 Makevars를 빌드하려면 **Makevars.in**을 사용하라.

기본적으로, R은 사용하고 있는 시스템의 make를 사용하는데, 항상 GNU와 호환되는 것은 아니다(예를 들어, 솔라리스). 매우 일반적인 GNU 확장 프로그램을 사용하려면 **DESCRIPTION**에 SystemRequirements: GNU make를 추가하라. GNU 확장 프로그램을 사용하고 있는지 확실하지 않다면 시스템 요구사항에 추가하여 안전하게 사용하라.

다른 언어

R을 다른 언어에 연결할 수도 있지만, C++ 인터페이스만큼 좋은 것은 아니다.

Fortran

Fortran 서브루틴(subroutines)을 .Fortran()로 직접 호출하거나 .Call()로 C 또는 C++을 통해 호출할 수 있다. 자세한 내용은 ?.Fortran과 〈R 확장 프로그램 작성하기〉 매뉴얼을 참고하라.

Java

rJava 패키지(https://bit.ly/2Ra2Zti)로 R 내에서 Java 코드를 호출할 수 있다. C와 C++과는 달리, R 객체를 Java 호출로 파싱할 때 사본 생성 작업이 필요하며, 성능에 심각한 영향을 미친다.

라이선싱

컴파일된 코드를 작성할 때 다른 사람들의 라이브러리를 사용하는 것이 일반적이므로 패키지 라이선스가 포함된 모든 코드의 라이선스와 호환되는지 확인해야 한다.

- 가장 간단한 해결책은 포함된 코드와 동일한 라이선스를 사용하는 것이다. 다른 사람의 코드를 재라이선스할 수 없으므로 라이선스를 변경해야 할 수 있다.
- 동일한 라이선스를 사용하지 않으려면 다른 라이선스 간 관계가 잘 알려진 일반적인 경우를 따르는 것이 가장 좋다. 예를 들어, Various Licenses and Comments about Them(https://bit.ly/2cmdZuk)은 GPL 라이선스와 호환되는 라이선스를 설명하고 있다.

이때 **DESCRIPTION**에 License, 즉 `<main license>` + FILE license가 있어야 한다. 여기에서 `<main license>`는 전체 패키지(R과 컴파일된 코드 모두)에 유효한 라이선스이고, license 파일은 개별적인 구성요소의 라이선스를 설명한다.

- 표준적이지 않은 경우는 법률가와 상의해야 한다.

모든 경우에서 원본 코드의 저작권과 라이선스 문구를 포함해야 한다.

개발 워크플로

C 또는 C++ 코드를 개발할 때 `devtools::load_all()` 대신 RStudio의 'Build & Reload'를 사용하는 것이 일반적으로 더 좋다. 최신 버전의 RStudio에서는 'Install and Restart'이다. 다시 로드하는 사이에도 유지되는 C 객체가 있는데 데이터 구조를 변경한다면 'Install and Restart'를 사용하는 것이 좋다. 그렇지 않으면 C 코드의 버전 차이로 인한 충돌 가능성이 커진다.

CRAN과 관련된 문제

컴파일된 코드가 있는 패키지는 그런 코드가 없는 패키지보다 CRAN에서 사용하는 것이 어려울 가능성이 훨씬 크다. 왜냐하면 패키지를 모든 주요 플랫폼(리눅스, 맥, 그리고 윈도우)에서 소스로 빌드해야 하기 때문이다. 이건 어려운 일이므로 다음과 같은 방법을 참고하라.

- CRAN은 윈도우에서 R 패키지를 확인하기 위한 자동화된 서비스인 win-builder (http://win-builder.r-project.org)를 제공한다. 패키지 번들을 빌드하고 업로드하는 `devtools::build_win()`을 실행하여 쉽게 접근할 수 있다.
- 이 장에서 가장 중요한 안내 사항들을 포함할 수도 있지만, 〈R 확장 프로그램 작성하기〉 매뉴얼의 'writing portable C and C++ code(https://bit.ly/2F85ZQI)' 절을 모두 읽어보는 것이 좋다.
- 윈도우에 한정된 기능에 바인딩하는 것과 같은 예외적인 상황에서는 플랫폼 간 요구사항을 따르지 않을 수 있지만, 이렇게 하는 것에 대한 설득력 있는 사례를 준비해야 한다.

CRAN의 자동 및 수동 검사 인터페이스는 컴파일된 코드일 때 특히 어려울 수 있다. 요구사항은 유지보수자와 비어있는 시간에 따라 제출할 때마다 다르다. 규칙이 일관되게 적용되지는 않지만, 패키지가 통과하지 못한다면 이에 대해 논쟁하기보다는 변경하는 것이 좋다.

- 때로는 **DESCRIPTION**에 포함된 코드의 모든 저자와 저작권 보유자를 나열해야 한다.

- 때때로 패키지가 솔라리스에서 작동해야 한다. 그러나 솔라리스를 구동하는 컴퓨터에 접근하는 데 따르는 어려움 때문에 솔라리스 문제를 해결하는 것은 어려울 수 있다. 하지만 패키지가 다른 플랫폼에서 문제가 없다면 더 강력한 협상 위치에 있게 될 것이다.

  일반적으로 gcc/clang 플래그 `-Wall`, `-pedantic`, 그리고 `-O0`와 같은 gotcha는 솔라리스의 기본 컴파일러와 작동하지 않는다.

11

설치된 파일

패키지가 설치되면 **inst/**의 모든 내용이 최상위 패키지 디렉터리로 복사된다. 어떤 면에서 **inst/**는 **.Rbuildignore**의 반대이다. **.Rbuildignore**를 사용하면 최상위 위치에서 임의의 파일과 디렉터리를 제거하거나 추가할 수 있다. 한 가지에 주의를 기울이면 **inst/**에 원하는 어떤 것도 넣을 수 있다. 그 주의점은 **inst/**가 최상위 디렉터리에 복사되기 때문에 기존 디렉터리와 동일한 이름을 가진 하위 디렉터리를 사용해서는 안 된다는 것이다. 이것은 **inst/build, inst/data, inst/demo, inst/exec, inst/help, inst/html, inst/inst, inst/libs, inst/meta, inst/man, inst/po, inst/R, inst/src, inst/tests, inst/tools**와 **inst/vignettes**를 사용하지 말아야 함을 의미한다.

이 장에서는 **inst/**에서 찾을 수 있는 가장 일반적인 파일에 대해 설명한다.

- **inst/AUTHOR**와 **inst/COPYRIGHT**: 패키지의 저작권 및 저자 관계가 특히 복잡한 경우, 자세한 정보를 제공하기 위해 일반 텍스트 파일인 **inst/COPYRIGHTS**와 **inst/AUTHORS**를 사용할 수 있다.

- **inst/CITATION**: 패키지 인용 방법에 대한 자세한 내용은 135쪽의 '패키지 인용' 절을 참고하라.

- **inst/docs**: 비네트에 대한 오래된 규칙으로, 현대 패키지에서는 피해야 한다.

- **inst/extdata**: 예제와 비네트를 위한 추가적인 외부 데이터. 자세한 내용은 112쪽의 '원시 데이터' 절을 참고하라.

- **inst/java, inst/python** 등: 131쪽의 '다른 언어' 절을 참고하라.

inst/에서 코드로 파일을 찾으려면 system.file()을 사용하라. 예를 들어, **inst/extdata/mydata.csv**를 찾으려면 system.file("extdata", "mydata.csv", package = "mypackage")를 호출한다. 경로에서 **inst/** 디렉터리를 생략하는 점에 주의하라. 이렇게 생략하는 것은 패키지가 설치되어 있거나, devtools::load_all()로 로드된 경우에 작동한다.

패키지 인용

CITATION 파일은 **inst/** 디렉터리에 있으며 R과 R 패키지를 인용하는 방법을 알려주는 citation() 함수와 밀접하게 연결되어 있다. 인자 없이 citation()을 호출하면 base R을 인용하는 방법을 볼 수 있다.

```
citation()
#>
#> To cite R in publications use:
#>
#>   R Core Team (2017). R: A language and environment for
#>   statistical computing. R Foundation for Statistical Computing,
#>   Vienna, Austria. URL https://www.R-project.org/.
#>
#> A BibTeX entry for LaTeX users is
#>
#>   @Manual{,
#>     title = {R: A Language and Environment for Statistical Computing},
#>     author = {{R Core Team}},
#>     organization = {R Foundation for Statistical Computing},
#>     address = {Vienna, Austria},
#>     year = {2017},
#>     url = {https://www.R-project.org/},
#>   }
#>
#> We have invested a lot of time and effort in creating R, please
#> cite it when using it for data analysis. See also
#> 'citation("pkgname")' for citing R packages.
```

패키지 이름으로 그 함수를 호출하면 해당 패키지를 인용하는 방법을 볼 수 있다.

```
citation("lubridate")
#>
#> To cite lubridate in publications use:
#>
#>   Garrett Grolemund, Hadley Wickham (2011). Dates and Times Made
```

```
#>   Easy with lubridate. Journal of Statistical Software, 40(3),
#>   1-25. URL http://www.jstatsoft.org/v40/i03/.
#>
#> A BibTeX entry for LaTeX users is
#>
#>   @Article{,
#>     title = {Dates and Times Made Easy with {lubridate}},
#>     author = {Garrett Grolemund and Hadley Wickham},
#>     journal = {Journal of Statistical Software},
#>     year = {2011},
#>     volume = {40},
#>     number = {3},
#>     pages = {1--25},
#>     url = {http://www.jstatsoft.org/v40/i03/},
#>   }
```

패키지의 인용문을 사용자 정의하려면 다음과 같이 **inst/CITATION**을 추가하라.

```
citHeader("To cite lubridate in publications use:")

citEntry(entry = "Article",
  title        = "Dates and Times Made Easy with {lubridate}",
  author       = personList(as.person("Garrett Grolemund"),
                    as.person("Hadley Wickham")),
  journal      = "Journal of Statistical Software",
  year         = "2011",
  volume       = "40",
  number       = "3",
  pages        = "1--25",
  url          = "http://www.jstatsoft.org/v40/i03/",

  textVersion  =
  paste("Garrett Grolemund, Hadley Wickham (2011).",
        "Dates and Times Made Easy with lubridate.",
        "Journal of Statistical Software, 40(3), 1-25.",
        "URL http://www.jstatsoft.org/v40/i03/.")
)
```

inst/CITATION을 생성해야 한다. 보는 것과 같이 그 파일은 매우 간단한데, 하나의 새로운 함수 citEntry()를 배울 필요가 있다. 가장 중요한 인자는 다음과 같다.

entry

　　인용문의 유형. 예를 들어, 'Artible', 'Book', 'PhDThesis' 등

표준 서지 정보

　　title, author(personList()), year, journal, volume, issue, pages 등과 같은 정보를 포함

완전한 인자 목록은 **?bibentry**로 찾아볼 수 있다.

citHeader()와 citFooter()를 이용하여 권고 사항을 추가한다.

다른 언어

때때로 패키지에는 다른 프로그래밍 언어로 작성된 유용한 보충적 스크립트가 포함되어 있다. 일반적으로 의존성을 추가하기 때문에 이러한 스크립트 사용을 피해야 하지만, 다른 언어로 작성된 상당한 양의 코드를 래핑할 때 유용할 수 있다. 예를 들어, gdata(https://bit.ly/20Jkprw)는 Excel 파일을 R로 읽어오기 위해 Perl 모듈인 Spreadsheet::ParseExcel(https://bit.ly/2R7ovid)을 래핑한다.

일반적인 규칙은 이런 성격의 스크립트를 inst/의 하위 디렉터리(예를 들어, inst/python, inst/perl, inst/ruby 등)에 넣는 것이다. 이러한 스크립트가 패키지에 필수적이라면 **DESCRIPTION**의 SystemRequirements 필드에도 적절한 프로그래밍 언어를 추가해야 한다(이 필드는 사람이 읽을 수 있게 되어 있으므로 정확하게 입력하는 방법에 대해 걱정할 필요가 없다.)

Java는 특별한 경우로, 소스 코드(**java/**에 있어야 하고 **.Rinstignore**에 나열되어야 함)와 컴파일된 **.jar** 파일(**inst/java**에 있어야 함)을 모두 포함해야 한다. Imports에 rJava를 추가하는 것을 잊지 말라.

12

다른 구성요소

유효한 최상위 디렉터리인 네 가지의 다른 디렉터리가 있다. 이 디렉터리들은 거의 사용되지 않는다.

demo/

패키지 데모를 위한 디렉터리. 이 디렉터리는 비네트의 도입 이전에는 유용했지만, 더 이상 권장되지 않는다. 보다 자세한 정보를 확인하기 위해서는 다음 절을 참고하라.

exec/

실행 가능한 스크립트를 위한 디렉터리. 다른 디렉터리와 비교할 때 **exec/**의 파일은 실행 가능한 파일로 자동 표시된다.

po/

메시지 번역을 위한 디렉터리. 이 디렉터리는 유용하지만 이 책의 범위를 벗어난다. 자세한 내용은 〈R 확장 프로그램 작성하기〉 매뉴얼의 'Internationalization(https://bit.ly/2VwLJwT)' 절을 참고하라.

tools/

구성 중 필요한 보조 파일, 또는 스크립트를 생성해야 하는 소스를 위한 디렉터리

데모

데모는 **demo/**에 있는 .R 파일이다. 데모는 예제와 비슷하지만 더 오래가는 경향이 있다. 데모는 단일 함수에 초점을 맞추는 대신, 문제를 해결하기 위해 여러 가지 함수를 조합하는 방법을 보여준다.

demo()로 데모를 나열하고 접근한다.

- 사용 가능한 모든 데모 보기: demo()
- 패키지의 모든 데모 표시: demo(package = "httr")
- 특정 데모 실행하기: demo("oauth1-twitter", package = "httr")
- 데모 찾기: system.file("demo", "oauth1-twitter.R", package = "httr")

각 데모는 **demo/00Index**에 demo-name Demo description 형식으로 나열되어야 한다. 데모 이름은 확장자가 없는 파일의 이름이다. 예를 들어, **demo/my-demo.R**은 **my-demo**가 된다.

기본적으로 데모는 'Hit to see next plot'처럼 각 플롯에 대한 사람의 입력을 요구한다. 이 작동은 devAskNewPage(ask = FALSE)를 데모 파일에 추가하여 무시할 수 있다. readline("press any key to continue")를 추가하여 일시 중지를 추가할 수 있다.

일반적으로 데모를 사용하는 것은 권장되지 않는다. 대신, 비네트를 작성하는 것이 좋다.

- 데모는 R CMD check에 의한 자동 검사가 되지 않는다. 이것은 그 데모가 인지하지 못한 채 쉽게 깨질 수 있음을 의미한다.
- 비네트에는 입력과 출력이 모두 있기 때문에 독자는 코드를 직접 실행하지 않고도 결과를 볼 수 있다.
- 길이가 더 긴 데모는 코드와 설명이 섞여 있어야 할 필요가 있으며, R 주석보다 R Markdown이 해당 작업에 더 적합하다.
- 비네트는 CRAN 패키지 페이지에 나열된다. 이렇게 하면 새로운 사용자가 쉽게 발견할 수 있다.

III

모범 사례

13

Git과 GitHub

본격적으로 소프트웨어 개발에 관심이 있다면 Git에 대해 배워야 한다. Git은 코드의 변경 사항을 추적하고 다른 사람과 그 사항을 공유하는 **버전 관리 시스템**(version control system)이다. Git은 코드를 전 세계의 사람들과 공유하고, 풀 리퀘스트로 개선을 요청하며, 문제를 추척할 수 있도록 해주는 웹사이트인 GitHub(GitHub, https://github.com)과 결합될 때 가장 유용하다. Git과 GitHub는 R 패키지 개발자를 위한 가장 인기 있는 버전 관리 시스템이다(GitHub에서 호스팅되는 수천 개의 R 패키지를 보라).

Git과 GitHub는 일반적으로 R 패키지뿐만이 아닌 모든 소프트웨어 개발과 데이터 분석에 유용하다. Git과 GitHub는 패키지를 만들 때 매우 유용하기 때문에 여기에 포함하였다. Git과 GitHub를 사용하면 신속하게 실수를 찾아내고 다른 사람들과 쉽게 공동으로 작업할 수 있어서 생산성을 높이기 위해서는 필수적이다.

Git과 GitHub를 사용하는 이유는 무엇인가?

- 패키지를 쉽게 공유할 수 있다. 모든 R 사용자는 단지 두 줄의 코드만으로 패키지를 설치할 수 있다.

```
install.packages("devtools")
devtools::install_github("username/packagename")
```

- GitHub는 패키지에 대한 간단한 웹사이트를 만드는 훌륭한 도구이다. 사람들은 쉽게 코드를 찾아보고 (Markdown으로 작성된) 문서를 읽을 수 있다. 버그를 보고하고, GitHub 이슈(https://bit.ly/2VqG5wd)로 새로운 기능을 제안하며, 풀 리퀘스트로 코드 개선을 제안할 수 있다.

- 이메일이나 Dropbox 폴더를 통해 파일을 주고받음으로써 누군가와 코드를 공동으로 작성하려고 시도해 본 적이 있는가? 두 사람이 동일한 파일에서 작업할 때는 서로의 변경 사항을 덮어쓰지 않도록 하기 위해 많은 노력이 필요하다. Git을 사용하면 두 사람이 동시에 동일한 파일에서 작업할 수 있다. Git은 자동으로 변경 사항을 결합하거나 모호하고 충돌하는 부분을 모두 표시한다.

- 파일을 저장하기 위해 실수로 Cmd+S 대신 S를 누른 적이 있는가? 원인을 추적하는 데 몇 분이 걸리는 실수를 하기는 매우 쉽다. Git을 사용하면 변경된 내용을 정확히 파악하여 실수를 되돌릴 수 있기 때문에 이 문제를 쉽게 파악할 수 있다.

Subversion(서브버전, https://subversion.apache.org) 또는 Mercurial(머큐리얼, https://www.mercurial-scm.org) 같은 다른 도구와 GitLab(깃랩, https://about.gitlab.com)과 Bitbucket(비트버킷, https://bitbucket.org) 같은 다른 웹사이트를 함께 사용하여 이와 같은 많은 작업을 수행할 수 있다. Git은 GitHub와 함께 사용할 때 가장 유용하며, Git에 속한 기능과 GitHub에 속한 기능을 구별할 필요는 없다. 그러나 Git + GitHub가 (특히 새로운 개발자를 위한) 가장 사용자 친화적인 시스템이다. 왜냐하면 특히 그 인기는 모든 가능한 질문이나 문제에 대한 해답을 StackOverflow에서 찾을 수 있다는 것을 의미하기 때문이다.

Git이 배우기 쉽다고 말하는 것은 아니다. Git에 대한 초기 경험은 실망스러울 수 있으며, 이상한 용어와 도움이 되지 않는 오류 메시지 때문에 불평이 튀어나올 수도 있다. 다행스럽게도, 많은 튜토리얼이 온라인에서 제공되며, 항상 잘 쓰여 있는 것은 아니지만(풍부한 정보를 제공하는 것들이 많지만, 어떻게 해야 할지에 대한 안내는 거의 없으며, 왜 신경 써야 할 필요가 있는지에 대한 안내는 거의 없음), 조금만 연습해도 Git을 마스터할 수 있다. 포기하지 말라. 약간만 인내하면 매우 강력한 코드 협업을 경험할 수 있다.

RStudio, Git, 그리고 GitHub

RStudio는 Git의 일상적인 사용을 더욱 단순하게 한다. Git을 사용하도록 프로젝트를 설정하면 새 영역과 도구모음줄 아이콘이 표시된다. 이것들은 가장 일반적으로 사용되는 Git 명령에 대한 단축키를 제공한다. 그러나 RStudio에서는 150개 이상의 Git 명령만 사용할 수 있기 때문에 셸(shell: 명령줄 또는 콘솔)에서 Git을 사용하는 것에 익숙해져야 한다. 셸에서 Git을 사용하는 것에 익숙해지는 것도 유용한데, 문제에 처했을 때 Git 명령 이름으로 해결 방법을 검색해야 하기 때문이다.

RStudio에서 셸로 진입하는 가장 쉬운 방법은 Tools ➡ Shell을 선택하는 것이다. 그러면 프로젝트의 루트 디렉터리에 있는 새로운 셸이 열린다(윈도우에서는 보통의 **cmd.exe** 셸과 약간 다르게 작동하는 표준 리눅스 셸인 **bash** 셸을 연다.)

이전에 셸을 사용한 적이 없더라도 R을 사용하는 것과 매우 유사하기 때문에 걱정하지 않아도 된다. 가장 큰 차이점은 함수 대신 문법이 약간 다른 명령을 호출한다는 것이다. 예를 들어, R에서는 f(x, y = 1)을 쓸 수 있는데, 셸에서는 f x --y = 1 또는 f x -y1으로 쓸 수 있다. 또한, 셸 명령은 R 함수보다 규칙적이지 않지만 다행스럽게도 몇 가지만 익히면 된다. 이 장에서는 Git 명령 실행 외에 많은 작업을 셸에서 하지는 않을 것이다. 그러나 가장 중요한 세 개의 셸 명령은 익히는 것이 좋다.

pwd

> **워킹 디렉터리 인쇄(print working directory).** 이 명령은 현재 어떤 디렉터리에 있는지를 알려준다.

cd <name>

> 이 명령은 디렉터리를 변경한다. cd ..을 사용하여 디렉터리 계층의 위쪽으로 이동한다.

ls

> 이 명령은 현재 디렉터리에 있는 모든 파일을 나열한다.

이전에 셸을 사용해 본 적이 없다면 Terminus(https://bit.ly/1IRwfcF)를 사용하는 것이 좋다. 이 소프트웨어로 셸의 기본을 재미있게 익힐 수 있다. 필립 궈(Philip Guo)의 Basic Unix-like command line tutorial videos(https://bit.ly/2LSQJaC), 마이클 스톤뱅크(Michael Stonebank)의 Unix tutorial(https://bit.ly/1q1DPrj), 그리고 브레넌 번스(Brennen Bearnes)의 Userland(https://bit.ly/2FeHwZ3)를 보는 것도 추천할 만하다.

초기 설정

이전에 Git이나 GitHub를 사용한 적이 없다면 Git을 설치하고 GitHub 계정을 생성하라. 그런 다음에 그 둘을 연결하라.

1. Git을 설치한다.

    - 윈도우: http://git-scm.com/download/win.

    - 맥 OS X: http://git-scm.com/download/mac.

    - 데비안/우분투: sudo apt-get install git-core.[1]

    - 다른 리눅스 릴리스판: http://git-scm.com/download/linux.

2. Git에 이름과 이메일 주소를 입력한다. 이 둘은 각 커밋에 라벨을 붙이기 위해 사용되는데, 다른 사람들과 협업을 시작할 때 누가 변경을 했는지 분명하게 알 수 있다. 셸에서 다음을 실행한다.

    ```
    git config --global user.name "YOUR FULL NAME"
    gil config --global user.email "YOUR EMAIL ADDRESS"
    ```

    (`git config --global --list`를 실행하여 올바르게 설정되었는지 확인할 수 있다.)

3. GitHub에 계정을 만든다(무료 플랜이 좋다). 앞에서와 같은 이메일 주소를 사용하라.

4. 필요하다면 SSH 키를 생성한다. SSH 키를 사용하면 암호 없이 웹사이트와 안전하게 통신할 수 있다. SSH 키에는 공개키(public key)와 개인키(private key)가 있다. 공개키가 있는 사용자는 개인키를 가진 사람만 읽을 수 있는 데이터를 안전하게 암호화할 수 있다.

    R에서 다음을 실행하여 이미 SSH 키의 쌍이 있는지 확인할 수 있다.

    ```
    file.exists("~/.ssh/id_rsa.pub")
    ```

    위의 명령이 FALSE를 반환하면 새로운 키를 만들어야 한다. 깃헙에 대한 안내(https://bit.ly/2kdF9Md)를 따르거나 RStudio를 사용할 수 있다. RStudio의 전역 옵션(global options)으로 가서 Git/SVN 패널을 선택하고, 'Create RSA key...'를 클릭하라.

---

1 [옮긴이] apt-get 대신 apt만 사용해도 된다.

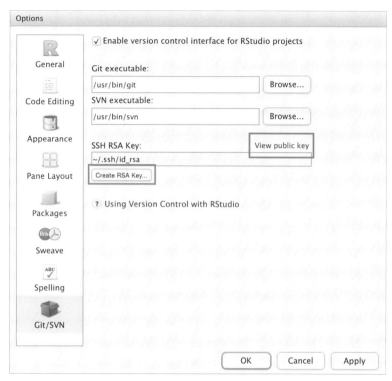

그림 13-1 **RStudio의 Git 옵션들**

5. GitHub(https://github.com/settings/ssh)에 SSH 공개키를 제공한다. 키를 찾는 가장 쉬운 방법은 RStudio의 Git/SVN 환경 설정 패널에서 'View public key'를 클릭하는 것이다.

로컬 Git 레포지토리 생성

이제 Git을 설치하고 구성했으므로 사용할 수 있다! 패키지로 GitHub를 사용하려면 로컬 레포지토리(짧게 **레포(repo)**라고 함)를 초기화해야 한다. 이렇게 하면 구성 파일을 저장하는 **.git** 디렉터리와 코드의 변경 사항을 기록하는 데이터베이스가 만들어진다. 새로운 저장소는 컴퓨터에만 존재하는 것인데, 곧 다른 사람들과 공유하는 법을 배울 것이다.

새로운 레포를 생성하기 위해 다음의 절차를 따른다.

1. RStudio에서 project options로 이동한 다음, Git/SVN 패널로 이동한다. 'Version control system'을 'None'에서 'Git'으로 변경한다(그림 13-2).

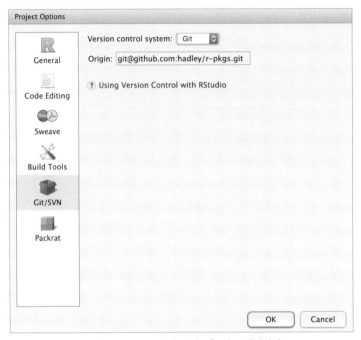

그림 13-2 RStudio에서 새로운 레포 생성하기

그러면 RStudio를 다시 시작하라는 메시지가 나타난다.

2. 셸에서 `git init`를 실행한다. RStudio를 다시 시작하고 패키지를 다시 연다.

Git이 초기화되면 다음과 같은 두 가지 새로운 구성요소가 표시된다. 우측 상단의 **Git 영역(Git pane)**은 어떤 파일이 변경되었는지 보여주고 가장 중요한 Git 명령 버튼을 포함하고 있다(그림 13-3).

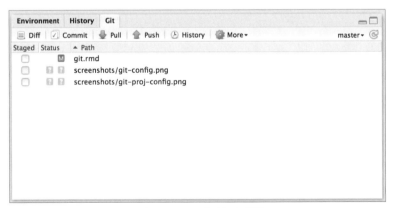

그림 13-3 RStudio의 Git 영역

도구 모음에 있는 Git 드롭다운 메뉴에는 현재 파일에 적용되는 Git과 GitHub 명령이 포함되어 있다(그림 13-4).

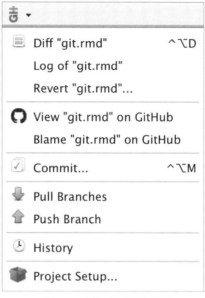

그림 13-4 **RStudio의 Git 옵션**

변경 사항 확인

Git의 첫 번째 이점은 변경 사항을 쉽게 볼 수 있다는 것이다. 흔히 우연히 키보드 단축키를 잘못 입력하여 코드에 잘못 입력한 문자를 남겨 두는 경우에서처럼 이것은 큰 도움이 된다. RStudio Git 영역에 추가, 수정, 또는 삭제된 모든 파일이 나열된다. 다음의 아이콘은 변경 사항을 설명한다.

- ⓜ, **수정됨(Modified)**. 파일의 내용을 변경하였음
- ⓕ, **추적되지 않음(Untracked)**. 이전에 Git이 보지 못했던 새로운 파일이 추가됨
- ⓓ, **삭제됨(Deleted)**. 파일을 삭제하였음

'diff(Diff 를 클릭)'로 수정에 대한 보다 자세한 정보를 얻을 수 있다. 이렇게 하면 자세한 차이점(difference)을 보여주는 새로운 창이 열린다(그림 13-5).

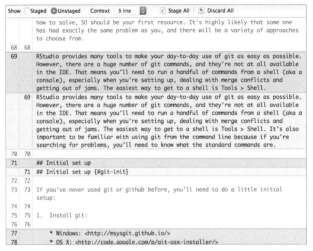

그림 13-5 diff 예제(추가는 빨간색, 삭제는 초록색)

배경색은 텍스트가 추가(녹색)되었는지 또는 제거(빨간색)되었는지를 알려준다(만약 색맹이라면 맨 왼쪽의 두 열에 있는 줄 번호를 하나의 지침으로 사용할 수 있다. 첫 번째 열의 숫자는 이전 버전을 나타내고, 두 번째 열의 숫자는 새 버전을 나타낸다). 변경 사항 위아래의 회색 줄의 코드는 추가 내용을 제공한다.

셸에서 변경 사항의 개요를 확인하기 위해서는 `git status`를 사용하고, 자세한 차이점을 표시하기 위해서는 `git diff`를 사용한다.

변경 사항 기록

Git의 기본적인 작업 단위는 **커밋**(commit)이다. 커밋은 지정된 시점에 코드의 스냅 샷을 만든다. Git 커밋을 사용하는 것은 등반할 때 앵커 및 기타 보호 장비를 사용하는 것과 같다. 위험한 암벽을 등반하고 있다면 떨어질 때를 대비하고 싶을 것이다. 커밋은 비슷한 역할을 하는데, 실수를 하면 이전 커밋을 통과할 수 없다. 커밋 없이 코드를 작성하는 것은 안전장치 없는 클라이밍과 같은데, 단기간에 훨씬 빠르게 이동할 수 있지만 장기적으로는 파국적인 오류가 발생할 가능성이 높다! 암벽 등반 보호 장비와 마찬가지로, 커밋을 사용하는 데에는 현명한 판단이 필요하다. 너무 자주 커밋하면 진행 속도가 느려지므로 불확실하거나 위험한 지역에 있을 때에만 자주 커밋하라. 커밋은 단순히 목적지가 아닌 여행 과정을 보여주기 때문에 다른 사람들에게도 유용하다.

모든 커밋에는 다섯 가지의 주요 구성요소가 있다.

- 안전한 해시 알고리즘(SHA, Secure Hash Algorithm)이라는 고유 식별자(unique identifier)

- 추가(added), 수정(modified), 그리고 삭제(deleted)된 파일을 설명하는 변경 집합(changeset)

- 사람이 읽을 수 있는 커밋 메시지

- 현재 커밋 이전의 부모(parent) 커밋(이 규칙에는 두 가지 예외가 있는데, 초기 커밋에는 부모가 없으며, 나중에 배우게 될 병합에는 부모가 둘이다.)

- 저자(author)

다음 두 단계로 커밋을 생성한다.

1. 파일을 **스테이지(stage)**하고, Git에게 다음 커밋에 어느 변경 사항이 포함되어야 할지를 알려준다.

2. 메시지로 변경 내용을 설명하며, 스테이지 파일을 **커밋(commit)**한다.

RStudio에서 스테이징과 커밋은 Ctrl+Alt+m을 입력하거나, ☑ Commit 을 클릭하여 열 수 있는 커밋 창과 동일한 영역에서 수행된다(그림 13-6).

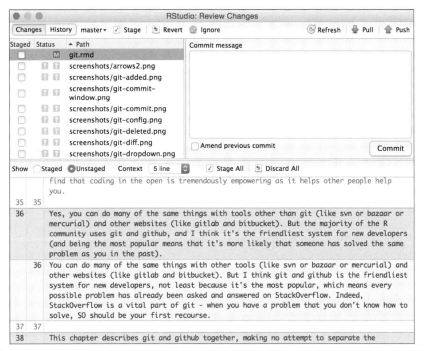

그림 13-6 **RStudio의 커밋 창은 어떤 파일이 수정되었고 선택된 파일에서 무엇이 변경되었는지를 보여준다.**

커밋 창은 세 개의 영역으로 구성된다.

- 좌상단 영역은 RStudio 메인 창의 Git 영역과 동일한 방식으로 현재 상태를 보여준다.
- 하단 영역에는 현재 선택된 파일의 diff(차이)가 표시된다.
- 최우상단 영역은 커밋에서 변경된 내용을 요약하여 사람이 읽을 수 있도록 작성된 커밋 메시지를 입력하는 곳이다. 곧 그것에 대해 더 설명할 것이다.

(그렇다, ▤ Diff 를 클릭할 때와 정확히 동일한 창이다!)

새로운 커밋을 생성하기 위해서는 다음과 같은 절차를 따른다.

1. 변경 사항을 저장한다.
2. ☑ Commit 을 클릭하거나 Ctrl+Alt+M을 입력하여 커밋 창을 연다.
3. 파일을 선택한다. 포함하기 위한 하나의 파일을 스테이징(선택)하려면 체크박스를 선택한다. 모든 파일을 스테이징하려면 Ctrl/Cmd+A를 입력하고 ☑ Stage 를 클릭한다.

   각 파일을 스테이징하면 그 파일의 상태가 변경된 것을 알 수 있다. 아이콘은 오른쪽(언스테이징 상태: unstaged)에서 왼쪽(스테이징 상태: staged)으로 열을 변경하며, 다음의 두 개의 새 아이콘 중 하나를 볼 수 있다.

   추가(added): Ⓐ

   추적되지 않은 파일을 스테이징한 후에 Git은 이제 레포에 그 파일을 추가하기를 원한다는 것을 안다.

   이름변경(renamed): Ⓡ

   파일 이름을 바꾸면 처음에 Git은 삭제와 추가로 파악한다. 두 가지 변경 사항을 모두 스테이징하면 Git은 이름이 변경된 것으로 인식한다.

   두 열 모두에 하나의 상태가 표시되는 경우가 있다(예를 들어, Ⓜ Ⓜ). 즉, 동일한 파일에서 변경 사항에 대한 스테이징과 언스테이징을 모두 수행했음을 의미한다. 이것은 약간의 변경을 하고, 그것을 스테이징한 후에 추가로 더 변경한 경우이다. 스테이징 체크 박스를 클릭하면 새 변경 사항을 스테이징하고, 한 번 더 클릭하면 두 변경 사항이 모두 언스테이징된다.
4. 이전과 같이 파일을 스테이징한다.
5. 변경 사항을 설명하는 커밋 메시지(우상단 영역)를 작성한다. 커밋 메시지의 첫 번째 줄은

제목 줄(subject line)이라고 하며 간략(50자 이하)해야 한다. 복잡한 커밋의 경우, 한 줄 띄어 문단이나 글머리 기호 목록을 사용하여 더 자세한 내용을 제공할 수 있다. '버그 수정된(fixed this bug)' 또는 '이 버그는 수정되었습니다(this bug was fixed)'가 아니라 '이 버그를 수정하시오(fix this bug)'와 같이 누군가에게 해야 할 일을 알려주는 것처럼 메시지를 작성한다.

6. Commit을 클릭한다.

셸에서 파일 스테이징하는 것은 조금 더 복잡하다. `git add`를 사용하여 새로운 파일과 수정된 파일을 스테이징하고, `git rm`을 사용하여 삭제된 파일을 스테이징한다. 커밋을 생성하기 위해서는 `git commit -m <message>`를 사용하라.

커밋 모범 사례

이상적으로, 각 커밋은 최소화된 형태로 완성되어야 한다.

최소

커밋은 하나의 문제점과 관련된 변경 사항만 포함해야 한다. 이렇게 해야 커밋을 한눈에 이해하고 간단한 메시지로 설명하는 것이 더 쉬워진다. 새로운 문제를 발견하게 된다면 별도의 커밋을 해야 한다.

완성

커밋은 요청된 문제를 해결해야 한다. 버그를 고쳤다고 생각되면 커밋은 자신이 옳았다는 것을 확인하는 단위 테스트를 포함해야 한다.

각 커밋 메시지는 다음과 같은 요건을 갖추어야 한다.

간결하면서도 연상적이어야 한다

커밋의 역할이 무엇인지 한눈에 알 수 있어야 한다. 그러나 완료된 것을 기억(그리고 이해)할 수 있도록 충분히 자세하게 작성되어야 한다.

목적이 아니라 이유를 설명한다

커밋과 관련된 차이를 항상 찾아볼 수 있으므로 메시지로 정확히 무엇이 변경되었는지 말할 필요가 없다. 대신, 변경 이유에 초점을 맞춘 고품질의 요약을 제공해야 한다.

위와 같은 지침을 따르면 다음과 같은 효과를 얻을 수 있다.

- 다른 사람들과 작업하는 것이 더 쉬울 것이다. 예를 들어, 두 사람이 동일한 위치에서 동일한 파일을 변경한 경우, 커밋이 작고 각 변경이 발생한 이유가 분명할 때 충돌을 더 쉽게 해결할 수 있다.
- 새로 프로젝트에 참여한 사람은 커밋 로그를 읽음으로써 이력을 보다 쉽게 이해할 수 있다.
- 개발 이력을 따라 언제든지 패키지를 로드하고 실행할 수 있다. 버그가 발생한 커밋을 이진 검색으로 빠르게 찾을 수 있게 해주는 bisectr(https://github.com/wch/bisectr)과 같은 도구를 사용하면 엄청나게 유용할 수 있다.
- 버그가 언제 발생하였는지 정확하게 파악할 수 있다면 자신이 무엇을 하고 있었는지(그리고 왜 그런지) 쉽게 이해할 수 있다.

자신의 레포를 아무도 보지 않을 것이기 때문에 좋은 커밋 메시지를 쓰는 것에 노력할 필요가 없다고 생각할 수 있다. 그러나 미래의 자신이라는 매우 중요한 협업자가 있다는 것을 명심하라! 커밋 메시지를 잘 작성하기 위해 약간의 시간을 할애하면 나중에 버그를 철저히 분석해야 할 때 잘 작성된 자신의 커밋 메시지에 큰 도움을 받을 수 있을 것이다.

이런 지침이 달성되면 좋겠지만 어려운 것이라는 점을 기억하라. 이런 지침에 크게 지장을 받아서는 안 된다. 어떤 레포지토리의 커밋 이력을 보면 많은 수가 그다지 좋지 않고, 특히 버그를 해결하지 못해 좌절감을 느낄 때가 많다. 이 지침을 따르려고 노력해야 하지만, 하나의 완벽한 커밋을 하는 것보다 여러 개의 나쁜 커밋을 하는 것이 낫다는 것을 유념하라.

파일 무시

흔히 레포지토리에 포함하지 않고자 하는 파일이 있다. 일시적이고(LaTeX 또는 C 코드를 빌드하면서 생긴 부수적 파일들), 크기가 클 수 있고, 필요에 따라 생성될 수 있다. 그런 파일을 매번 신중하게 스테이징하는 것보다는 .gitignore에 추가해야 한다. 이렇게 하면 실수로 추가되는 것을 방지할 수 있다. 이를 수행하는 가장 쉬운 방법은 Git 영역에서 파일을 마우스 오른쪽 버튼으로 클릭하고 Ignore를 선택하는 것이다(그림 13-7).

그림 13-7 파일 이름을 오른쪽 클릭하여 Ignore 메뉴에 접근

여러 파일을 무시하려면 *.png와 같은 글로브(glob) 와일드카드를 사용할 수 있다. 옵션에 대한 보다 자세한 내용은《Pro Git》의 '파일 무시하기(Ignoring Files, https://bit.ly/2IIRi0a)' 절을 참고하라.

일부 개발자는 자동으로 생성될 수 있는 파생된 파일을 절대로 커밋하지 않는다. R 패키지에서는 **NAMESPACE**와 **man/** 디렉터리에 있는 파일을 무시하는 것을 의미하는데, 주석으로 인해 생성되기 때문이다. 실용적인 관점에서 이런 파일은 커밋하는 것이 좋다. 즉, R 패키지는 설치 시 **.Rd** 파일을 생성할 수 있는 방법이 없으므로 파생된 파일을 무시하면 GitHub에서 패키지를 설치하는 사용자는 문서를 얻을 수 없음을 의미하기 때문이다.

실수 되돌리기

커밋을 사용하는 가장 좋은 이유는 실수를 되돌릴 수 있다는 것이다. RStudio를 사용하면 특히 쉽게 할 수 있다.

- 변경한 내용을 되돌리기 위해 Git 영역에서 파일을 마우스 오른쪽 버튼으로 클릭하고 'revert'를 선택한다. 그러면 모든 변경 사항이 이전 커밋으로 돌아간다. 단, 이 작업을 취소할 수는 없다.

  diff 창에서 파일의 일부분에 대한 변경 사항만 되돌릴 수도 있다. 되돌리려는 변경 사항의 블록 위에 'Discard chunk' 단추(Stage chunk Discard chunk)가 있는지 확인한다. 개별 줄이나 선택된 텍스트의 변경 사항을 취소할 수도 있다.

- 변경 사항을 너무 일찍 커밋했다면 추가 변경을 스테이징하여 이전 커밋을 수정할 수 있다. 커밋을 클릭하기 전에 ☑ Amend previous commit 을 선택한다(이전 커밋을 GitHub에 푸시했다면 이를 수행하지 말아야 한다. 이것은 효과적으로 커밋 이력을 다시 작성하는 것인데, 이런 작업이 공개적으로 수행될 때는 주의해서 수행해야 한다.)

실수를 즉시 파악하지 못했다면 다음과 같이 이력을 거꾸로 뒤돌아보고 그 실수가 어디에서 발생했는지 알아내야 한다.

1. Git 영역의 ⏱ History 를 클릭하여 이력(History) 창을 연다(그림 13-8).

그림 13-8 **History** 영역은 윗부분에서 모든 커밋을 나타내고, 아랫부분에서 선택된 커밋의 세부 사항을 나타낸다.

이력 창은 두 부분으로 나뉜다. 윗부분에는 리포에 대한 모든 커밋이 나열된다. 아랫부분은 SHA(고유 ID), 작성자(author), 날짜(date), 부모(parent), 그리고 커밋의 변경 사항의 커밋 내용을 보여준다.

2. 실수를 한 위치에서 커밋을 찾을 때까지 뒤로 탐색한다. 부모 SHA의 커밋은 실수 이전에 발생한 커밋이므로 올바른 커밋일 것이다.

이제 셸에서 그 SHA를 사용할 수 있다.

- 이전 코드를 복사하여 붙여넣을 수 있도록 이전 파일이 어떻게 표시되는지 확인한다.

```
git show <SHA> <filename>
```

- 또는 과거 버전을 다시 현재로 복사한다.

```
git checkout <SHA> <filename>
```

두 경우 모두 파일을 스테이징하고 커밋하여 완료해야 한다.

시간을 거슬러 올라가 최초의 위치에서 실수를 방지하는 것처럼 Git을 사용할 수도 있다. 이것은 이력 리베이싱(rebasing history)이라고 하는 고급 기술이다. 상상하는 것처럼 시간을 거슬러 올라가 과거를 바꾸는 것은 현재에 지대한 영향을 줄 수 있다. 이것은 유용할 수 있지만 극도의 주의가 필요하다.)

여전히 문제가 있다면 세스 로버트슨(Seth Robertson)의 'On undoing, fixing, or removing commits in git(https://bit.ly/1iIrgS9)' 또는 저스틴 힐만(Justin Hileman)의 'Git pretty(https://bit.ly/1rSW1Uu)'를 찾아보라. 그들은 많은 공통적인(하지만 그리 흔하지는 않은) 문제를 해결하기 위한 단계별 접근법을 제시하고 있다.

GitHub와 동기화

지금까지 우리는 로컬에서 프로젝트의 진행 상황을 추적하고 안전한 체크포인트를 제공하기 위해 커밋을 이용하여 작업했다. 그러나 Git은 GitHub에서 다른 사람들과 코드를 공유하기 시작할 때 진정한 가치가 있다. 다른 선택 사항이 있지만, GitHub는 오픈 소스 프로젝트로 사용하면 무료이고, 필요한 모든 기능을 갖추고 있으며, R 생태계에서 인기 있는 선택지이다.

GitHub에 **게시(publish)** 또는 **푸시(push)**하기 위해서는 다음과 같은 절차를 따른다.

1. GitHub(https://github.com/new)에서 새로운 레포를 만든다. 패키지와 동일한 이름을 지정하고, 패키지 제목을 레포 설명(description)으로 포함한다. 다른 모든 옵션은 그대로 두고 제출(Submit)을 클릭한다.

2. 셸을 연 다음, 새로운 레포 페이지의 지시 사항을 따른다. 그 지시 사항들은 다음과 같을 것이다.

```
git remote add origin git@github.com:hadley/r-pkgs.git
git push -u origin master
```

첫 번째 줄은 Git에게 로컬 레포가 GitHub에 원격 버전이 있으며, 그것을 'origin'이라고 한다고 알리는 것이다. 두 번째 줄은 모든 현재 작업을 해당 레포로 푸시한다.

이제 커밋을 하고 원격 레포가 업데이트되는지 확인해 보자.

1. **DESCRIPTION**을 수정하여 새로운 GitHub 사이트로 연결되는 URL과 BugReports 필드를 추가한다. 예를 들어, **dplyr**의 경우는 다음과 같다.

```
URL: http://github.com/hadley/dplyr
BugReports: http://github.com/hadley/dplyr/issues
```

2. 파일을 저장하고 ('Updating DESCRIPTION to GitHub site to links' 메시지와 함께) 커밋한다.

3. ⬆ Push 를 클릭하여 변경 사항을 GitHub로 **푸시**한다(shell에서 git push를 실행하는 것과 동일하다).

4. GitHub 페이지로 이동하여 **DESCRIPTION**을 확인한다.

일반적으로 각 푸시에는 여러 커밋이 포함된다. 커밋하는 것보다 훨씬 적게 푸시하기 때문이다. 커밋에 비해 얼마나 자주 푸시하느냐는 완전히 자신에게 달렸지만, 코드를 푸시하는 것은 코드를 게시하는 것을 의미한다. 따라서 작동하는 코드를 푸시하도록 노력해야 한다.

코드가 깨끗한지 확인하려면 푸시하기 전에 항상 R CMD check를 실행하는 것이 좋다(자동 검사에 관한 14장에서 이와 관련된 내용을 배울 수 있다). (아직) 작동하지 않는 코드를 게시하려면 브랜치(또는 분기(branch))를 사용하는 것이 좋으며, 이에 대해서는 162쪽의 '브랜치' 절에서 배울 것이다.

GitHub에 레포를 연결하면 Git 패널은 GitHub에 없는 커밋을 로컬에 얼마나 갖고 있는지 ⓘ Your branch is ahead of 'origin/master' by 1 commit. 처럼 표시한다. 이 메시지는 GitHub('origin/master')에 없는 커밋이 로컬(브랜치)에 한 개가 있음을 나타낸다.

GitHub 사용의 이점

GitHub를 사용하면 다음과 같은 이점이 있다.

- 괜찮은 웹사이트를 얻을 수 있다. 프로젝트의 GitHub 페이지(예를 들어, testthat Github repo(https://github.com/hadley/testthat))는 패키지의 모든 파일과 디렉터리를 나열한다. .R 파일은 구문이 강조되어 표시되고, .md /.Rmd 파일은 HTML로 렌더링된다. README. md 파일을 최상위 디렉터리에 포함하면 홈페이지에 표시된다. 199쪽의 'README.md' 절에서 이 파일을 작성하면 얻을 수 있는 이점에 대해 자세히 배울 것이다.

- 누구나 쉽게 패키지를 설치할 수 있다(그리고 열심히 작업한 성과물로부터의 이익을 얻을 수 있다).

```
devtools::install_github("<your_username>/<your_package>")
```

- 커밋 뷰에서 프로젝트의 이력을 추적할 수 있다(예를 들어, https://github.com/hadley/ testthat/commits/master). 다른 사람들과 함께 패키지 작업을 할 때 이 페이지를 열어두면 그들이 현재 작업하고 있는 것을 볼 수 있다. 개별 커밋은 RStudio의 Commit/Diff 창에 서 볼 수 있는 것과 동일한 정보를 표시한다.

- 파일의 이력을 쉽게 볼 수 있다. 파일로 이동하여 History를 클릭하면 해당 파일에 영향 을 주는 모든 커밋을 볼 수 있다. 다른 유용한 뷰는 Blame이다. 이 뷰는 각 코드 줄에 마지막으로 변경된 사항, 변경한 사람, 그리고 변경 사항이 속한 커밋을 보여준다. 이것 은 버그를 추적할 때 대단한 도움이 된다.

주요 도구 모음에서 Git 드롭다운으로 RStudio에서 이런 페이지로 바로 이동할 수 있다 (그림 13-9).

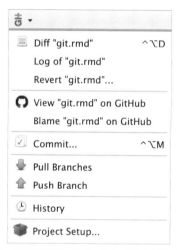

그림 13-9 **RStudo git 드롭다운 메뉴는 현재 파일과 관련된 행동을 보여준다.**

- 커밋에 주석을 달 수 있다. 커밋 전체에 대해 주석을 달려면 페이지 하단의 주석 상자를 사용한다. 개별 줄에 주석을 달기 위해 줄 번호 위에 마우스를 올리면 나타나는 더하기 기호(③➕)를 클릭한다. 실수를 하거나 질문이 있는 경우에 협업자에게 이를 알릴 수 있 는 훌륭한 방법이다. 레포에서 작업하는 (현재와 미래의) 모든 사람이 그 대화를 볼 수 있 으므로 이메일을 사용하는 것보다 좋은 방법이다.

다른 사람과 작업하기

푸시(push)로 변경 사항을 GitHub에 보낸다. 다른 사람들과 작업한다면 그들도 GitHub에 변경 사항을 푸시한다. 그러나 그들의 변경 사항을 로컬에서 확인하려면 GitHub에서 변경 사항을 **가져와야 한다**[2]. 실제로 모든 사람이 동기화되어 있는지 확인하기 위해 풀(pull)로 가장 최근 버전을 가져온 경우에만 Git으로 레포에 푸시할 수 있다.

풀을 할 때 Git은 먼저 모든 변경 사항을 다운로드(**페치(fetches)**)한 다음, 로컬의 변경 사항과 병합(또는 **머지(merge)**)한다. 병합은 두 부모와의 커밋이다. 이 병합은 두 가지 개발 흐름을 하나의 결과로 결합한다. 많은 경우 Git은 자동으로 이 작업을 수행할 수 있는데, 예를 들어 다른 파일이나 동일한 파일의 다른 부분이 변경된 경우이다. 그러나 파일 하나의 동일한 위치에서 변경되면 **병합 충돌(merge conflict)**을 직접 해결해야 한다.

RStudio에서는 다음의 경우에 병합 충돌이 일어났음을 알 수 있다.

- 오류와 함께 풀(pull) 실패
- Git 영역에서 Ｕ Ｕ와 같은 상태를 발견

RStudio는 현재 병합 충돌을 지원하는 도구를 전혀 제공하고 있지 않으므로 명령 줄을 사용해야 한다. 병합 충돌 스타일('style' 옵션)을 diff3으로 설정하는 것으로 시작하는 것이 좋다. diff3 스타일은 병합 충돌이 발생하였을 때 로컬 변경 사항, 원본 파일, 그리고 원격 변경 사항의 세 가지를 보여준다. 기본 스타일은 diff2이며, 이것은 로컬 변경 사항과 원격 변경 사항만 표시한다. 일반적으로 이 옵션은 일어난 일을 파악하는 것을 더 어렵게 만든다.

- 첫 번째 병합 충돌이 발생하면 다음을 수행한다.

```
# 해당 병합 중단
git merge --abort
# 충돌 스타일 설정
git config --global merge.conflictstyle diff3
# 병합 재시도
git pull
```

- 병합 충돌 중이 아니라면 다음을 실행한다.

```
git config --global merge.conflictstyle diff3
```

2 　옮긴이 　보통 '풀(pull)'한다고 한다.

병합 충돌을 해결하려면 🅄 🅄 상태의 모든 파일을 열어야 한다. 각 파일에서 다음과 같은 충돌 표시를 확인할 수 있을 것이다.

```
<<<<<<< HEAD

||||||| merged common ancestors

=======

>>>>>>> remote
```

충돌하는 코드의 세 가지 버전이 모두 표시된다.

- 맨 위: 로컬 코드
- 중간: 개발의 두 흐름으로 분할 전 마지막 커밋의 코드(이것은 기본 충돌 스타일에 누락되어 있으므로 보이지 않는 경우 위의 지침을 따른다.)
- 맨 아래: GitHub에서 가져온 원격 코드

각 충돌을 해결하고 어떤 버전이 더 좋은지 또는 두 버전을 결합하는 방법을 결정해야 한다. 그런 다음, 파일을 스테이징하기 전에 모든 충돌 표시를 해결하였는지 확인해야 한다. 일단, 모든 충돌을 해결하였다면 새롭게 커밋을 한 후 GitHub로 푸시한다.

roxygen에 의해 생성된 텍스트를 고칠 때 다음과 같은 사항에 주의해야 한다.

- **man/ *.Rd** 파일에서 문제를 수정하지 않는다. 대신, 기본 roxygen 주석의 충돌을 해결하고 패키지를 다시 문서화한다.
- **NAMESPACE** 파일의 병합 충돌로 인해 패키지를 다시 로드하거나 다시 문서화할 수 없을 것이다. 패키지를 로드할 수 있도록 충분히 해결한 후에 깨끗하고 올바른 **NAMESPACE**를 생성하기 위해 다시 문서화한다.

병합 충돌 처리는 Git 사용 시 까다로운 부분 중 하나이다. 이 Git에 익숙해지려면 몇 가지 튜토리얼을 읽어야 한다. Google과 StackOverflow는 훌륭한 원천이다. 몹시 혼란스럽다면 `git merge -abort`와 `git pull`을 실행하여 병합을 중단한 후 다시 시도할 수 있다.

이슈

모든 GitHub 레포에는 이슈 추적을 위한 페이지가 있다. 그 페이지를 사용하라. 다른 프로젝트에서 작업하는 동안 버그가 발생하면 이슈 페이지에 메모를 작성하라. 소규모 프로젝트의 경우 마일스톤, 태그, 또는 특정 사람들에 대한 이슈 할당에 대해 너무 걱정하지 말라. 이슈(>50)가 한 페이지를 넘으면 더 유용하다. 이 시점에 이르면 the GitHub guide on issues(https://bit.ly/2VqG5wd)를 읽어보라.

유용한 방법은 커밋 메시지에서 이슈를 종료하는 것이다. 커밋 메시지 어딘가에 `Close #<issue number>`를 삽입하면 다음에 푸시할 때 GitHub에서 이슈를 종료한다. 이런 방식으로 이슈를 종료하는 것이 가장 좋은 점은 해당 이슈에서 커밋까지 연결한다는 것이다. 이것은 다시 돌아와서 그 버그를 해결하기 위해 무엇을 했는지 정확하게 보고 싶을 때 유용하다. 이슈를 종료하지 않고 연결할 수도 있다. 즉, `#<issue number>`를 참조하기만 하면 된다.

200쪽의 'NEWS.md' 절에서 배우게 되겠지만, 이슈를 종료할 때마다 **NEWS.md**에 목록을 추가하는 것이 좋다. 목록은 개발자를 위해 작성된 커밋 메시지와 달리 사용자가 이해할 수 있는 용어로 문제를 설명해야 한다.

브랜치

때로는 주요 개발 흐름을 방해하지 않고 코드를 크게 변경하고자 할 수 있다. 어쩌면 자신이 하고 있는 작업을 쉽게 추적할 수 있도록 여러 개의 간단한 커밋으로 나누고 싶을 수도 있다. 그리고 자신의 결과가 최선의 방법인지 모르거나 다른 사람이 코드를 검토하기를 원할 수도 있다. 또는 실험적인 것을 시도하고 싶을 수도 있다(실험이 성공한 경우에만 병합할 수 있다). 브랜치(또는 분기)와 풀 리퀘스트는 이런 상황을 처리할 수 있는 강력한 도구를 제공한다.

비록 스스로 그것을 깨닫지는 못했을 수 있지만, 이미 브랜치를 사용하고 있다. 기본 브랜치를 마스터(master)라고 하는데, 커밋을 저장한 곳이다. 코드를 GitHub에 동기화하면 **origin/master**라는 브랜치를 갖는다. 이는 GitHub에 있는 모든 커밋의 로컬 사본으로, 풀을 할 때 동기화된다. `git pull`은 다음의 두 가지 작업을 수행한다.

- `git fetch origin master`를 사용하여 로컬의 origin/master 브랜치를 GitHub의 최신 커밋으로 업데이트한다.
- `git merge origin/master`를 사용하여 원격의 변경 사항을 로컬의 변경 사항과 결합한다.

메인스트림 개발에서 (일시적으로) 벗어나고자 할 때 자신만의 브랜치를 만드는 것이 유용하다. `git checkout -b <branch-name>`을 사용하여 새 브랜치를 만들 수 있다. 이름은 소문자와 숫자로 이루어져야 하며, –는 단어를 구분하기 위해 사용한다.

`git checkout <branch-name>`으로 브랜치를 전환할 수 있다. 예를 들어, 메인스트림 개발로 돌아가려면 `git checkout master`를 사용하라. 다음과 같이 Git 영역의 우상단에 있는 브랜치 스위처를 사용할 수도 있다(그림 13-10).

그림 13-10 **RStudio에서 Git 영역 우상단의 드롭다운 메뉴를 사용하여 브랜치를 전환할 수 있다.**

셸에서 브랜치의 이름을 잊어버렸다면 `git branch`를 사용하여 기존의 브랜치를 모두 나열할 수 있다.

이 브랜치를 RStudio 내부에서 GitHub와 동기화하려고 할 때 push와 pull(Pull Push)이 비활성화되어 있음을 알아야 한다. 이를 활성화하려면 다음과 같이 로컬 브랜치가 원격에 동일한 것이 있음을 Git에 먼저 알려줘야 한다.

```
git push --set-upstream origin <branch-name>
```

한번 실행하고 나면 평소처럼 pull과 push 단추를 사용할 수 있다.

잠시 동안 브랜치에서 작업한다면 master 브랜치에서 다른 작업이 계속 진행되었을 수도 있다. 해당 작업을 브랜치에 통합하려면 `git merge master`를 실행하라. 병합 충돌을 해결해야 한다(윗부분 참고). 가장 좋은 방법은 이 작업을 자주 수행하는 것이다. 브랜치가 마스터와 차이가 적을수록 병합이 쉬워진다.

일단, 브랜치에서 작업을 완료하면 브랜치를 master로 다시 병합한 후에 브랜치를 삭제하라.

```
git checkout master
git merge <branch-name>
git branch -d <branch-name>
```

 Git은 master 브랜치에 브랜치를 병합하지 않는 한 브랜치를 삭제할 수 없다. 브랜치를 병합하지 않고 포기하고자 한다면 -d 대신 -D를 사용하여 강제로 삭제해야 한다. 실수로 브랜치를 삭제해도 당황하지 말기를 바란다. 보통은 되돌릴 수 있다. 실수를 취소하는 방법에 대한 조언을 참고하여라.

풀 리퀘스트 만들기

풀 리퀘스트(pull request)는 변경 내용을 레포에 병합하기 전에 제안하고 토론하기 위한 도구이다. 풀 리퀘스트의 가장 일반적인 용도는 다른 사람의 코드에 기여하는 것이다. 즉, 자신이 제어하지 않는 코드의 변경을 제안하는 가장 쉬운 방법이나.

이제 자신의 코드를 변경하기 위한 풀 리퀘스트에 대해 배우게 될 것이다. 자신의 코드를 직접 수정할 수 있기 때문에 필요하지 않으므로 약간 의미 없는 것처럼 보일 수 있다. 그러나 풀 리퀘스트는 제안된 변경 사항에 대한 피드백을 얻을 수 있기 때문에 매우 유용하다. 주요 변경 사항을 병합하기 전에 피드백을 얻기 위해 이와 같은 방법을 RStudio에서 자주 사용한다.

GitHub에는 풀 리퀘스트 사용에 대한 좋은 문서(https://bit.ly/2gbWIFR)가 몇 가지 있다. 이 장에서는 풀 리퀘스트를 효과적으로 사용하기 위해 알아야 할 기본 사항에 초점을 두고, 지금까지 배웠던 Git 명령에 어떻게 맞는지 보여줄 것이다.

풀 리퀘스트를 만들려면 브랜치를 생성하고, 코드를 커밋한 다음, 브랜치를 GitHub로 푸시한다. 다음에 GitHub 웹사이트로 이동하면 풀 리퀘스트를 제출하도록 초대하는 헤더가 표시된다. 다음 방법으로 작업을 수행할 수도 있다.

1. 브랜치 전환(그림 13-11)

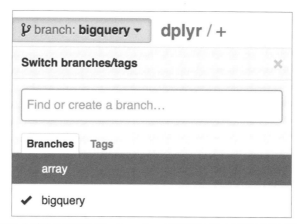

그림 13-11 GitHub에서 좌상단에 있는 Branches 드롭다운 메뉴를 이용하여 브랜치를 전환한다.

2. ⬚ Pull Request 를 클릭한다. 이렇게 하면 그림 13-12처럼 보이는 페이지가 생성된다.

그림 13-12 GitHub의 이슈 페이지 사례

몇 가지 작은 문제를 해결하는 이 풀 리퀘스트는 이 책의 GitHub 사이트에 제출된 것이다.

풀 리퀘스트는 세 부분으로 구성된다.

- **대화**(🗨 Conversation ①): 변경 사항에 대해 토론할 수 있다.
- **커밋 뷰** (⬦ Commits ②): 각 개별 커밋을 볼 수 있다.
- **파일 변경**(🗎 Files changed ②): 커밋의 전반적인 차이점이 표시되며, 개별 줄에 주석을 달 수 있다.

풀 리퀘스트에 대해 토론하고 나면 그 풀 리퀘스트의 병합이나 삭제를 선택한다. 풀 리퀘스트를 병합하는 것은 셸에서 `git merge <branchname>`을 실행하는 것과 같다. 삭제는 `git branch -d <branchname>`를 실행하는 것과 동일하다.

다른 레포에 풀 리퀘스트 제출하기

자신의 소유가 아닌 레포에 풀 리퀘스트를 제출하려면 먼저 소유할 수 있는 레포의 사본(**포크 (fork)**라고 함)을 만든 다음, 자신의 컴퓨터에 해당 포크를 복제(clone)한다.

1. GitHub의 레포로 이동한 후 ⑂ Fork 27 를 클릭하여 원래 레포를 포크한다. 그러면 자신에게 속하는 레포의 사본이 생성된다.

2. 원격 레포의 로컬 사본을 만들기 위해 포크된 레포를 복제한다. ('Version Control'에서 'Create New Project'를 사용하여) RStudio에서 이 작업을 수행할 수 있지만, 셸에서 수행하는 것이 더 쉽다.

```
git clone git@github.com:<your-name>/<repo>.git
cd <repo>
```

포크는 레포의 **정적(static)** 사본이다. 일단 생성하고 나면 GitHub는 업스트림 레포와 동기화된 상태로 유지할 수 없다. 이는 풀 리퀘스트를 처리하는 동안 원래 레포에서 변경이 발생할 수 있기 때문이다. 포크된 레포와 원본 레포를 동기화 상태로 유지하려면 먼저 자신의 레포에 업스트림 레포를 알려준다.

```
git remote add upstream git@github.com:<original-name>/<repo>.git
git fetch upstream
```

그런 다음, 업스트림 레포의 변경 사항을 로컬 사본과 병합할 수 있다.

```
git merge upstream/master
```

포크한 레포에서 작업할 때는 마스터 브랜치에서 작업하지 않는 것이 좋다. 그 레포에 대한 메인스트림 개발에서 실제로 작업하고 있지 않기 때문에 마스터 브랜치를 사용하면 혼란스러울 수 있다.

브랜치에서 항상 풀 리퀘스트를 만들 때는 다음을 실행하여 로컬 레포를 업스트림 레포와 동기화하는 것을 조금 더 쉽게 할 수 있다.

```
git branch -u upstream/master
```

그런 다음, 다음의 코드로 로컬 레포를 업데이트할 수 있다.

```
git checkout master
git pull
```

풀 리퀘스트를 처리하는 동안 변경이 발생할 수 있으므로 다음과 같이 자신의 브랜치에 병합하는 것을 잊지 말라.

```
git checkout <my-branch>
git merge master
```

풀 리퀘스트(PR)는 브랜치에 대해 일대일로 매핑(mapping)되므로 이 기술을 사용하여 풀 리퀘스트 토론을 기반으로 업데이트할 수도 있다. 변경할 때마다 새로운 풀 리퀘스트를 생성하지 말라. 대신, PR이 기반하는 브랜치를 푸시하면 PR 웹페이지가 자동으로 업데이트된다.

그림 13-13의 다이어그램에서는 풀 리퀘스트를 생성하고 업스트림 레포가 변경될 때 그 리퀘스트를 업데이트하는 주요 단계를 보여주고 있다.

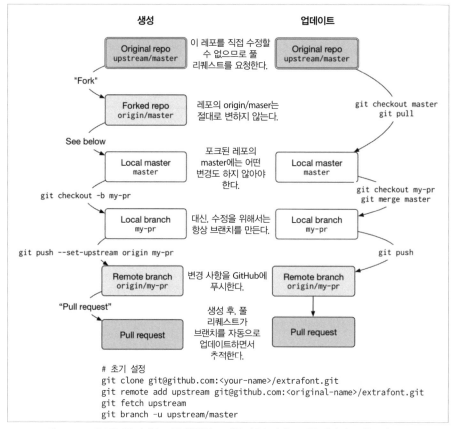

그림 13-13 새로운 풀 리퀘스트를 생성하고 기존의 풀 리퀘스트를 업데이트하는 워크플로

풀 리퀘스트의 검토와 수락

패키지가 인기를 얻으면 풀 리퀘스트를 받을 가능성이 크다. 풀 리퀘스트를 받는 것은 환상적이다. 누군가 패키지를 충분히 사용할 수 있을 뿐 아니라, 실제로 소스 코드를 읽고 개선한 것이다.

풀 리퀘스트를 받으면 사라 샤프(Sarah Sharp)가 설명한 3단계 방법을 사용하여 검토하는 것이 좋다. 여기에서 그 세 단계를 요약하였지만, 원문 전체(https://bit.ly/2CSKnW0)를 읽는 것이 좋다.

좋은 생각인가?

기여가 프로젝트에 적합하다고 생각하지 않는다면 가능한 한 빨리 기여자에게 알리는 것이 예의이다. 그들에게 그들의 작업에 감사를 표시하고, 작업할 만한 더 좋은 부분을 안내한다.

전반적인 접근이 타당한가?

이 점에서 큰 그림에 집중하고자 한다. 즉, 적절한 방법으로 올바른 함수를 수정했는지이다. 사소한 스타일 문제를 트집 잡는 것을 피하라(그것은 최종 단계의 일이다). 대신, 스타일 설정에 대한 지침(예를 들어, https://bit.ly/2SD5Kjh)을 제공하면 된다.

다듬어졌는가?

최종 검토 단계에서 PR의 코드가 아닌 부분이 다듬어져 있는지 확인하라. 기여자에게 문서를 업데이트하고, 맞춤법 오류를 지적하고, 그리고 더 나은 문구를 제안하도록 한다. 기여자에게 **NEWS.md** 목록에 포함하도록 요청하고, GitHub 사용자명으로 간단히 설명하고 감사를 표시하는 것이 좋다. 자세한 내용은 203쪽의 '다음 버전 준비' 절을 참고하라.

토론이 완료되고 나면 병합 단추를 클릭하여 변경 사항을 통합할 수 있다. 버튼이 작동하지 않으면 GitHub는 명령 줄에서 수행하는 방법에 대한 몇 가지 지침을 제공한다. 이전에 이와 관련된 모든 것을 보았지만, 발생하는 일이 무엇인지 정확하게 이해할 수 있도록 전반적으로 읽어 보는 것이 유용하다.

```
# 새로운 브랜치를 생성하고, 풀 리퀘스트로 동기화함
git checkout -b <branch> master
git pull https://github.com/<user>/<branch>.git patch-3

# 변경 사항을 주 개발에 병합
git checkout master
git merge --no-ff <branch>
# 충돌 해결, 스테이징, 추가하기

# 로컬의 변경 사항을 GitHub와 동기화
git push origin master
Learning More
```

더 알아보기

Git과 GitHub는 풍부하고 강력한 도구 모음이지만, 이 장에서 알아야 할 필요가 있는 모든 것을 가르쳐 줄 방법은 없다. 그러나 이제는 이와 관련된 효과적인 기본 지식을 갖추어야 하며, 더 배울 수 있는 준비가 되어 있어야 한다. 좋은 원천은 다음과 같다.

- GitHub 도움말(https://help.github.com)은 GitHub에 대해 알려줄 뿐만 아니라, 많은 Git 기능에 대한 훌륭한 튜토리얼을 제공한다.
- Git에 대한 보다 자세한 내용을 학습하고자 한다면 스캇 샤콘(Scott Chacon)과 벤 스트라브(Ben Straub)의 《Pro Git》(https://git-scm.com/book/en/v2)을 읽어보라.

마지막으로, Git의 중요 부분으로 해결 방법을 모르는 문제가 있을 때 StackOverflow에서 먼저 찾아보아야 한다. 누군가가 이미 자신과 정확하게 동일한 문제를 가지고 있을 가능성이 높으므로 선택할 수 있는 다양한 접근법과 해결책을 찾을 수 있을 것이다.

14

자동화된 검사

패키지 개발 프로세스에서 R CMD check는 중요한 부분인데, 코드에 공통적인 문제가 있는지 자동으로 검사한다. CRAN에 제출할 계획이라면 필수적이지만, 그렇지 않은 경우에도 발견하기 쉽지 않은 일반적인 문제를 자동으로 감지하기 때문에 유용하다.

R CMD check를 처음 실행하면 실망스러울 수 있는데, 해결해야 할 많은 문제를 발견하게 될 것이기 때문이다. R CMD check 실행 결과를 덜 실망스럽게 하는 핵심적은 방법은 더 자주 실행하는 것이다. 즉, 문제를 빨리 발견할수록 문제를 쉽게 해결할 수 있다. 이 접근법을 최대한으로 적용한다면 변경을 할 때마다 R CMD check를 실행한다. GitHub를 사용한다면 186쪽의 'Travis로 모든 커밋 이후 검사하기' 절에서 그렇게 하는 방법을 배울 것이다.

워크플로

R CMD check는 터미널에서 실행하는 명령의 이름이다. 직접 호출하지 않는 것이 좋다. 대신, devtools::check()를 실행하거나 RStudio에서 Ctrl/Cmd+Shift+E를 누른다. R CMD check와 달리, devtools::check()는 다음과 같은 효과가 있다.

- devtools::document()를 실행하여 문서가 최신인지 확인한다.

- 패키지를 검사하기 전에 번들로 묶는다. 이는 패키지 검사가 깨끗한 상태로 시작되도록 하기 때문에 패키지를 검사하는 가장 좋은 방법이다. 패키지 번들에는 소스 패키지에 누적될 수 있는 임시 파일(예를 들어, 컴파일된 코드와 함께 .so와 .o 파일과 같은 부수적 파일)이 포함되어 있지 않기 때문에 그런 파일이 생성하는 허위 경고(spurious warnings)를 피할 수 있다.

- NOT_CRAN 환경 변수를 TRUE로 설정한다. 이를 통해 CRAN 테스트를 선택적으로 건너뛸 수 있다(자세한 내용은 ?testthat::skip_on_cran으로 도움말을 참고하라).

패키지를 검사하기 위한 워크플로는 간단하지만 지루하다.

1. devtools::check()를 실행하거나 Ctrl/Cmd+Shift+E를 누른다.

2. 첫 번째 문제를 수정한다.

3. 더 이상 문제가 없을 때까지 반복한다.

R CMD check는 세 가지 유형의 메시지를 반환한다.

ERROR(오류)

　CRAN에 제출 여부와 상관없이 해결해야 하는 심각한 문제가 있는 경우

WARNING(경고)

　CRAN에 제출할 계획이라면 고쳐야 할 문제가 있을 수 있는 경우(그리고 그럴 계획이 없더라도 살펴보는 것이 좋은 경우)

NOTE(참고)

　경미한 문제의 경우. CRAN에 패키지를 제출하였는데, CRAN이 문제를 잘못 판단하는 경우라도 모든 참고 사항을 제거하기 위해 노력해야 한다. NOTE가 없으면 사람의 개입이 필요하지 않으며, 패키지 제출 과정이 더 쉬워진다. NOTE를 제거할 수 없다면 193쪽의 '제출 과정' 절에 설명된 대로 그 이유가 무엇인지 제출 주석에 설명해야 한다. CRAN에 제출하지 않을 경우에는 각 NOTE를 주의 깊게 읽어야 하지만, 문제가 아닌 것으로 생각되는 것을 고치려 하지는 말라.

검사

R CMD check는 50개 이상의 개별 검사로 구성되며, 이에 대해서는 다음 절에서 설명한다. 각 검사에 대해서 그것이 어떤 어떤 역할을 하는지, 가장 일반적인 문제는 무엇인지, 그리고 어떻게 고쳐야 하는지를 간단하게 설명한다. R CMD check에 문제가 있어서 이를 수정하는 방법을 이해할 수 없다면, 수행해야 할 것을 파악하는 데 도움을 얻기 위해 이 목록을 이용하라. 그 검사가 적합한지를 이해하기 쉽도록 이 책의 장과 대략적으로 상응하는 절로 구성하였다. 즉, check()를 실행할 때 볼 수 있는 것과 약간 다른 순서로 구성되어 있다는 것을 의미한다.

이 목록에는 R 3.1.1에서 실행되는 모든 검사가 포함된다. 최신 버전을 사용한다면 이 장의 최신 온라인 버전인 http://r-pkgs.had.co.nz/check.html을 참고하라. 이 장이 도움이 되지 않는 문제가 발생하면 hadley@rstudio.com로 알려주도록 하라.

검사 메타데이터

R CMD check는 항상 현재 환경을 설명함으로써 시작한다. UTF-8로 맥 OS X에서 R 3.1.1을 실행 중인 경우를 가정한다.

- Using log directory '/Users/hadley/Documents/web/httr.Rcheck'
- Using R version 3.1.1 (2014-07-10)
- Using platform: x86_64-apple-darwin13.1.0 (64-bit)
- Using session charset: UTF-8

다음으로, **DESCRIPTION**이 파싱되어 패키지 버전이 인쇄된다. 여기에서는 httr 버전 0.5.0.9000을 검사한다(49쪽의 '버전' 절에서 이런 이상한 버전 표기에 대해 배운 것을 상기하라).

- Checking for file 'httr/DESCRIPTION'
- This is package 'httr' version '0.5.0.9000'

패키지 구조

패키지 구조 검사는 패키지 내의 파일과 디렉터리가 올바르게 구성되었는지 확인한다. 이 책의 조언을 따른다면 다음의 경우에 문제가 발생하지 않을 것이다.

Checking package directory.

검사할 디렉터리가 있어야 한다. devtools::check()가 이 문제로부터 보호한다.

Checking if this is a source package.

바이너리 또는 설치된 패키지가 아닌 소스 패키지를 확인해야 한다. devtools::check() 를 사용하면 실패할 일이 없을 것이다.

Checking for executable files.

패키지에는 실행 파일이 없어야 한다. 이식성이 없으며, 오픈 소스가 아니며, 보안 상 위험할 수 있다. 패키지에서 실행 파일을 모두 삭제하라(CRAN에 제출하지 않을 경우, **DESCRIPTION**의 BinaryFiles 필드에 각 실행 파일을 나열하여 이 경고를 무시할 수 있다).

Checking for hidden files and directories.

리눅스와 맥 OS X에서 점(.)으로 시작하는 이름을 가진 파일은 기본적으로 숨겨져 있으므로 패키지에 실수로 포함했을 가능성이 크다. 삭제하거나 중요한 경우라면 .Rbuildignore 를 사용하여 패키지 번들에서 제거하라. R은 .git과 .svn 같은 일반 디렉터리를 자동으로 제거한다.

Checking for portable filenames.

R 패키지는 윈도우, 리눅스, 그리고 맥 OS X에서 작동해야 하므로 모든 플랫폼에서 작동 하는 파일 이름만 사용할 수 있다. 가장 쉬운 방법은 글자, 숫자, 밑줄, 그리고 대시를 사 용하는 것이다. 영어가 아닌 문자와 공백은 피하라. 나열된 파일의 이름을 변경하여 이 검 사를 통과하도록 수정하라.

Checking for sufficient/correct file permissions.

파일을 읽을 수 없으면 파일을 검사할 수 없다. 이 검사는 읽을 권한이 없는 파일이 패키지 에 있을 가능성을 검사한다. 파일 사용 권한을 수정하여 이 문제를 해결하라.

Checking whether package 'XYZ' can be installed.

R CMD check는 R CMD install을 실행하여 패키지를 설치할 수 있는지 확인한다. 이 것이 실패하면 devtools::install() 또는 RStudio의 Build & Reload를 실행하고, 계속 하기 전에 문제를 디버깅해야 한다.

Checking installed package size.

패키지의 크기를 부풀리는 대용량 파일을 실수로 포함하기 쉽다. 이 검사는 전체 패키지의 크기가 5MB 미만이고 각 하위 디렉터리가 1MB 미만인지 확인한다. 이 메시지가 표시되 면 크기가 큰 파일을 우연히 포함하지 않았는지 확인하라.

CRAN에 제출할 때는 패키지 크기를 적절히 해야 한다. 먼저, 패키지 크기는 가능한 한 작아야 하므로 데이터(데이터 CRAN 노트)를 재압축하고, 비네트(비네트 CRAN 노트)를 최소화해 본다. 여전히 너무 크다면 데이터를 별도의 패키지로 옮기는 것을 고려하라.

Checking top-level files.

지정된 파일과 디렉터리만 패키지의 최상위 수준에서 허용된다(예를 들어, **DESCRIPTION**, **R/**, **src/**). 다른 파일을 포함하기 위한 두 가지 방법이 있다.

- 설치가 필요하지 않은 경우(즉, 소스 패키지에서만 사용되는 경우): `devtools::use_build_ignore()`로 .Rbuildignore에 추가한다.

- 설치가 필요한 경우: **inst/**로 옮긴다. 설치 시 최상위 패키지 디렉터리로 다시 옮긴다.

Checking package subdirectories.

- 빈 디렉터리는 포함하지 말라. 이들은 일반적으로 R CMD build에 의해 자동으로 제거되므로 이 오류가 나타나지 않아야 한다. 만약 그 오류가 나타난다면 그 디렉터리를 삭제하라.

- 파일과 디렉터리의 경우가 중요하다. 모든 하위 디렉터리는 **R/** 이외에는 소문자이어야 한다. 인용문 파일이 있다면 **inst/CITATION**에 위치해야 한다. 필요에 따라 이름을 바꾸도록 하라.

- **inst/**의 내용은 패키지의 최상위 내용(예를 들어, **build/**, **R/etc**)과 충돌하지 않아야 한다. 이 둘이 충돌할 경우, **files/** 디렉터리의 이름을 바꾸도록 하라.

Checking for leftover files.

여기에 나열된 파일을 제거하라. 우연히 패키지에 포함된 것들이다.

DESCRIPTION

CRAN에 패키지를 제출할 때 패키지에 대한 메타데이터가 (**DESCRIPTION**에 기록된 대로) 올바른지가 중요하다. 모든 데이터를 자동으로 확인할 수는 없지만, R CMD check는 최소한 가장 일반적인 문제는 찾아낼 수 있다.

Checking DESCRIPTION meta-information.

- **DESCRIPTION**은 유효해야 한다. `devtools::load_all()`은 패키지를 다시 로드할 때마다 동일한 검사를 실행하기 때문에 이 오류가 발생하지 않을 것이다.

- **DESCRIPTION**에 ASCII가 아닌 문자를 사용할 때는 인코딩을 지정해야 한다. 모든 플

랫폼에서 작동하는 인코딩은 latin1, latin2, 그리고 UTF-8의 세 가지 인코딩뿐이다. Encoding: UTF-8처럼 UTF-8을 사용을 강력히 권장한다.

- License는 알려진 라이선스(전체 목록은 https://svn.r-project.org/R/trunk/share/licenses/license.db에서 찾을 수 있음)를 참조하거나 file LICENSE를 사용해야 하며, 그 파일이 존재해야 한다. 여기에 오류가 있다면 오타 때문일 가능성이 크다.

- Authors@R 또는 Authors와 Maintainer를 제공해야 한다. 둘 다 지정하면 오류가 발생하며, 원하지 않는 오류는 제거하여 수정할 수 있다.

Checking package dependencies.

- Depends, Imports, 그리고 LinkingTo에 나열된 모든 패키지가 설치되어야 하며, 버전 요구사항을 충족해야 한다. 그렇지 않으면 패키지를 검사할 수 없다. 누락되거나 오래된 의존성을 설치하는 쉬운 방법은 devtools::install_deps(dependencies = TRUE)를 실행하는 것이다.

- 환경 변수 _R_CHECK_FORCE_SUGGESTS_를 false 값으로 설정하지 않는 한(예를 들어, check(force_suggests = FALSE)) Suggests에 나열된 패키지가 설치되어야 한다. 일부 제안된 패키지를 모든 플랫폼에서 사용할 수 없는 경우에 유용하다.

- R 패키지의 의존성이 순환될 수 없다. 즉, 패키지 A가 B를 요구하면 B는 A를 요구할 수 없다(그렇지 않으면 먼저 어느 것을 로드해야 할지 알 수 없다). 이 오류가 표시되면 패키지 디자인을 재고해야 한다. 쉬운 해결 방법 중 하나는 충돌하는 패키지를 Imports나 Depends에서 Suggests로 이동하는 것이다.

- NAMESPACE에서 사용된 패키지는 (가장 일반적으로) Imports 또는 (특별한 경우에만) 의존성 중 하나에 나열되어야 한다. 보다 자세한 내용은 99쪽의 '검색 경로' 절을 참고하라.

- Depends에 나열된 모든 패키지는 NAMESPACE로 가져와야 하거나 pkg::foo로 접근해야 한다. 이렇게 하지 않으면 패키지가 (library(mypackage)로) 검색 경로에 부착될 때에는 작동하지만, 단지 로드된 경우(예를 들어, mypackage::foo())에는 작동하지 않는다.

Checking CRAN incoming feasibility.

이 검사는 CRAN에 제출하는 경우에만 적용된다.

- 새로운 패키지를 제출할 때는 기존 패키지와 동일한 이름을 사용할 수 없다. 새로운 이름을 떠올려야 한다.

- 업데이트를 제출할 때 버전 번호는 현재 CRAN 버전보다 높아야 한다. **DESCRIPTION** 에서 버전 필드를 갱신하라.
- 패키지의 관리자가 변경되면(이메일 주소가 변경된 경우에도) 새로운 관리자가 CRAN에 제출해야 하며, 기존 관리자는 확인 이메일을 보내야 한다.
- https://svn.r-project.org/R/trunk/share/licenses/license.db에 나열되어 있는 표준 오픈 소스 라이선스를 사용해야 한다. CRAN에는 사용자가 정의한 계약을 검토할 수 있는 법적 자원이 없기 때문에 사용자 정의 라이선스를 사용할 수 없다.
- `Title`과 `Desctiption`은 맞춤법 오류가 없어야 한다. 패키지의 제목은 반드시 제목 글꼴(title case)로 해야 한다. 제목이나 설명에 패키지 이름이나 'package'라는 단어가 포함되어서는 안 된다. 필요에 따라 제목과 설명을 바꾸도록 하라.
- 새로운 패키지를 제출하면 항상 **NOTE**를 받게 된다. 이것은 CRAN 관리자에게 몇 가지 추가적인 수동 검사를 상기시킨다.
- 동일한 패키지의 여러 버전을 단기간에 제출하지 말라. CRAN은 한 달에 최대 1회의 제출을 선호한다. 주요 버그를 수정해야 할 때는 양해 표시를 하는 것이 좋다.

네임스페이스

직접 네임스페이스 작업을 하는 것은 힘든 일이며, 우연히 오류를 만들어 내기도 쉽다. 다행스 럽게도, roxygen2를 사용하여 **NAMESPACE**를 생성하므로 이러한 문제는 거의 볼 수 없다.

Checking if there is a namespace.
    NAMESPACE 파일이 있어야 한다. roxygen2가 8장에 설명된 것과 같이 생성한다.

Checking package namespace information.
    NAMESPACE는 `parseNamespaceFile()`에 의해 파싱 가능해야 하며 유효해야 한다. 이 검사가 실패하면 roxygen2의 버그이다.

Checking whether the package can be loaded with stated dependencies.
    R_DEFAULT_PACKAGES=NULL로 `library(pkg)`를 실행하므로 검색 경로는 비어 있다(예를 들어, stats, graphics, grDevices, utils, datasets, 그리고 methods는 평소와 같이 부착되지 않는다). 여기 기서의 실패는 일반적으로 해당 패키지 중 하나에 대한 의존성이 누락되었음을 나타낸다.

Checking whether the namespace can be loaded with stated dependencies.
    R_DEFAULT_PACKAGES=NULL로 `loadNamespace(pkg)`를 실행하라. 실패는 일반적으 로 네임스페이스에 문제가 있음을 나타낸다.

R 코드

이 절의 문제는 R 코드와 관련된 문제를 나타낸다.

Checking R files for non-ASCII characters.

이식성을 극대화하려면(즉, 사람들이 윈도우에서 패키지를 사용할 수 있도록) R 파일에 비 ASCII 문자를 사용하지 않는다. 주석에서 사용하는 것은 좋지만 객체 이름에서 사용하면 안 되며, 문자열에서는 유니코드 이스케이프를 사용해야 한다. 자세한 내용은 37쪽의 'CRAN 노트' 절을 참고하라.

Checking R files for syntax errors.

물론, R 코드가 유효해야 한다. `devtools::load_all()`을 정기적으로 사용했다면 이 오류가 발생하지 않을 것이다.

Checking dependencies in R code.

여기에서의 오류는 **DESCRIPTION**에서 필요한 패키지를 선언하는 것을 잊어버렸음을 나타낸다. 패키지 내에서 `require()` 또는 `library()`를 사용해서는 안 된다는 것을 기억하라. 모범 사례에 대한 자세한 내용은 106쪽의 'Imports' 절을 참고하라.

또는 실수로 패키지에서 내보낸 함수에 `:::`로 접근할 수도 있다. 대신, `::`로 전환하라.

Checking S3 generic/method consistency.

S3 메서드는 제너릭과 호환되는 함수 서명을 가져야 한다. 즉, 한 가지 예외를 제외하고는 메서드가 제너릭과 동일한 인자를 가져야 함을 의미한다. 제너릭이 `...`을 포함할 때는 메서드가 추가 인자를 가질 수 있다.

이 오류의 일반적인 원인은 print 메서드를 정의하는 것인데, 다음과 같이 `print()` 제너릭이 `...`을 포함하기 때문이다.

```
# 나쁨
print.my_class <- function(x) cat("Hi")

# 좋음
print.my_class <- function(x, ...) cat("Hi")

# 이것도 좋음
print.my_class <- function(x, ..., my_arg = TRUE) cat("Hi")
```

Checking replacement functions.

대체 함수(예를 들어, `foo(x) <- y`와 같은 함수)는 마지막 인자로 `value`를 가져야 한다.

Checking R code for possible problems.

이것은 광범위한 문제에 대한 종합적인 검사이다.

- `library.dynam()` (그리고 `library.dynam.unload()`)에 대한 호출은 `library.dynam("name.dll")`이 아닌 `library.dynam("name")`과 같아야 한다. 이 오류를 수정하려면 그 확장 프로그램을 제거하라.

- `library.dynam()`을 `.onAttach()`가 아닌 `.onLoad()`에 삽입하라. `.onLoad()`가 아니라 `.onAttach()`에 `packageStartupMessage()`를 삽입하라. `.unUnload()`에 `library.dynam.unload()`를 삽입한다. 이러한 함수를 사용할 때는 그 함수들이 올바른 위치에 있는지 확인하라.

- 자신에게 속하지 않는 객체를 수정하기 위해 `unlockBinding()` 또는 `assignInNamespace()`를 사용하지 말라.

- `codetools::checkUsagePackage()`가 함수가 존재하지 않는 변수를 사용하지는 않는지를 확인하기 위해 호출된다. 이것은 흔히 `subset()` 또는 `with()`와 같은 비표준 평가(NSE, Non Standard Evaluation)를 사용하는 함수의 위양성(false positive)을 높인다. 일반적으로 패키지 함수에서 NSE를 사용하지 않아야 하므로 이 노트는 피하는 것이 좋지만, 그렇지 않을 경우 이 노트를 억제하는 방법에 대해서 `?globalVariables`로 도움말을 참고하라.

- 패키지에서 `.Internal()`을 사용할 수 없다. R 래퍼 함수를 호출하거나 사용자 고유의 C 함수를 작성하라(base R에서 C 함수를 복사하여 붙여넣을 때는 저작권 공지를 유지하고, GPL-2 호환 라이선스를 사용하며, Author 필드에 R-core를 나열하라).

- 앞과 유사하게, 다른 패키지에서 내보내지지 않은 함수에 접근하기 위해 `:::`을 사용할 수 없다. 패키지 관리자에게 필요한 함수를 내보내도록 요청하거나 내보내진 함수를 사용하여 사용자 자신의 버전을 작성하라. 또는 라이선스가 호환된다면 내보내진 함수를 복사하여 사용자 자신의 패키지에 붙여넣을 수 있다. 이때는 Authors@R을 업데이트해야 한다.

- 전역 환경의 객체를 수정하는 데 `assign()`을 사용하지 말라. 함수 호출 간 상태를 유지해야 하는 경우는 `e <- new.env(parent = emptyenv())`로 사용자 고유의 환경을 만들고, 그곳에서 값을 설정하고 가져온다.

```
e <- new.env(parent = emptyenv())

add_up <- function(x) {
  if (is.null(e$last_x)) {
    old <- 0
  } else {
    old <- e$last_x
  }

  new <- old + x
  e$last_x <- new
  new
}

add_up(10)
#> [1] 10
add_up(20)
#> [1] 30
```

- 자신의 코드에서 attach()를 사용하지 말라. 대신, 명시적으로 변수를 참조하라.

- envir 인자를 지정하지 않고 data()를 사용하지 말라. 그렇지 않으면 그 데이터가 전역 환경에 로드된다.

- 사용 중단되거나 제거된 함수를 사용하지 말라. 최신 버전을 사용하도록 코드를 업데이트하라.

- 코드(그리고 예제)에서 T와 F가 아닌 TRUE와 FALSE를 사용해야 한다.

Checking whether the package can be loaded.

R은 library()로 패키지를 로드한다. 여기서 실패하면 일반적으로 .onLoad() 또는 .onAttach()에 문제가 있음을 나타낸다.

Checking whether the package can be unloaded cleanly.

library()로 로드하고 detach()로 분리하라. 이것이 실패하면 .onUnload()와 .onDetach()를 확인하라.

Checking whether the namespace can be unloaded cleanly.

loadNamespace("pkg")를 실행한 후 unloadNamespace("pkg")를 실행하라. 문제점에 대해 .onUnload()를 확인하라.

Checking loading without being on the library search path.

library(x, lib.loc = ...)를 호출하라. 여기에서 실패하면 .onLoad() 또는 .onAttach()에서 잘못된 가정을 하고 있음을 나타낸다.

데이터

data/ 디렉터리에 있는 데이터와 관련된 검사가 몇 개 있다.

Checking contents of data/ directory.

- **data/** 디렉터리에는 110쪽의 '내보내진 데이터' 절에 설명된 파일 유형만 포함될 수 있다.

- 인코딩이 올바르게 설정된 경우에만 데이터 파일에 아스키 방식이 아닌 문자를 포함할 수 있다. 일반적으로, **.Rdata** 파일을 저장할 때는 이것이 문제가 되지는 않는다. 이 오류가 표시된다면 데이터 프레임의 각 열에 적용한 Encoding()의 결과를 보고 'unknown'이 없는지 확인하라(일반적으로 가져오기 과정의 어딘가에서 이 문제를 해결해야 할 것이다).

- bzip2 또는 xz로 데이터 파일을 압축한 경우는 **DESCRIPTION**에서 Depends: R (>= 2.10)을 선언해야 한다.

- 데이터에 최적화되지 않은 압축 알고리즘을 사용했다면 제안된 알고리즘으로 다시 압축하라.

문서화

devtools::check_man()으로 가장 일반적인 외부 devtools::check()를 실행할 수 있다 (자동으로 devtools::document()를 호출한다). 문서화에 문제가 있다면, 매번 전체 검사를 실행하는 대신에 check_man()으로 신속하게 반복하는 것이 가장 좋다.

Checking Rd files.

모든 **man/*.Rd** 파일이 올바른 Rd 문법을 사용하는지 확인한다. 이 검사가 실패하면 roxygen2에 버그가 있음을 나타낸다.

Checking Rd metadata.

이름과 알리아스는 패키지의 모든 문서화 파일을 통틀어 고유해야 한다. 이 문제가 발생하면 여러 장소에서 실수로 동일한 @name 또는 @aliases를 사용한 것이므로 고유한지를 확인해야 한다.

Checking Rd line widths.

Rd 파일의 줄 폭은 90자 미만이어야 한다. R 코드, 즉 roxygen 주석을 80자로 하여 감싼다면 이러한 일은 발생하지 않을 것이다. 매우 긴 URL은 bit.ly(https://bitly.com)와 같은 링크 단축 서비스를 사용하라.

Checking Rd cross-references.

여기서의 오류는 일반적으로 오타를 나타낸다. 다른 패키지의 함수에 링크하기 위한 문법을 기억하라. 즉, \link[package_name]{function_name}과 같다. 가끔 우연히 \code{}와 \link{}의 순서를 \link{\code{function}}으로 바꾸는데, 이것은 작동하지 않는다.

Checking for missing documentation entries.

모든 내보낸 객체는 문서화되어야 한다. 자세한 내용은 ?tools::undoc으로 도움말을 참고하라.

Checking for code/documentation mismatches.

이 검사는 문서화가 코드와 일치하는지 확인한다. 자동으로 동기화를 유지하는 roxygen2를 사용하기 때문에 이 작업이 실패하지 않아야 한다.

Checking Rd \usage sections.

모든 인자는 문서화되어야 하며, 모든 @params는 기존 인자를 문서화해야 한다. 인자의 문서화나 제거한 인자에 대한 문서화를 제거하는 것을 잊거나, 또는 인자 이름의 철자가 틀린 경우일 수 있다.

S3와 S4 메서드는 Rd 파일에서 특수한 \S3method{}와 \S4method{} 마크 업을 사용해야 한다. roxygen2가 이것을 자동으로 생성한다.

Checking Rd contents.

package.skeleton()에 의해 자동으로 생성된 내용을 검사한다. package.skeleton()을 사용하지 않으므로 여기에서 문제가 없어야 한다.

Checking for unstated dependencies in examples.

득징 패키지를 예제에서만 사용할 때는 Suggests 필드에 그 패키지가 나열되어 있는지 확인하라. 그 패키지에 의존하는 예제 코드를 실행하기 전에 requireNamespace("pkg", quietly = TRUE)로 그 패키지를 사용할 수 있는지 시험하라.

```
#' @examples
#' if (requireNamespace("dplyr", quietly = TRUE)) {
#'   ...
#' }
```

Checking examples.

모든 문서 예제는 오류 없이 실행되어야 하며, 실행 시간이 너무 길지 않아야 한다. \donttest{}로 실패 또는 느린 테스트를 제외하라. 자세한 내용은 59쪽의 '함수 문서화' 절을 참고하라.

예제는 마지막으로 실행하는 검사 중 하나이므로 매번 devtools::check()를 실행해야 할 때는 문제를 해결하는 것이 어려울 수 있다. 그 대신에 devtools::run_examples() 를 사용하는데, 예제만 검사하고 함수 시작의 위치를 알려주는 선택적 파라미터가 있다. 이렇게 하면 오류를 발견한 후 그 파일로 연결되는 모든 파일이 아닌, 바로 그 파일에서 다시 실행할 수 있다.

참고: 당신은 내보내지지 않은 함수를 사용할 수 없고 새로운 그래픽 장치를 열거나 두 개 이상의 코어를 사용해서는 안 된다. 각 예제는 5초를 넘지 않아야 한다.

Checking PDF version of manual.

때때로 PDF 매뉴얼을 빌드할 때 오류가 발생한다. 보통 PDF가 LaTeX에 의해 만들어지는데, 무언가 이스케이프하는 것을 잊었기 때문이다. 이것을 디버깅하는 것은 힘든 일이다. 가장 좋은 방법은 LaTex 로그 및 결합된 tex 파일을 찾고, 거기에서 .Rd 파일로 돌아간 후 roxygen 주석을 돌아보는 것이다. 그러한 실패가 roxygen2의 버그일 수 있으므로 roxygen2의 관리자에게 알려주는 것이 좋다.

데모

데모를 사용할 때는 모든 데모가 색인 파일에 나열되어 있는지 확인해야 한다.

Checking index information.

데모를 작성한 경우라면 **demos/00Index**에 각 데모가 나열되어 있어야 한다. 그 파일은 다음과 같아야 한다.

```
demo-name-without-extension    Demo description
another-demo-name              Another description
```

컴파일된 코드

R CMD check는 컴파일된 코드가 가능한 이식성이 있는지 확인하는 몇 가지 검사를 포함한다.

Checking foreign function calls.

.Call(), .C(), .Fortran(), 그리고 .External()은 (@useDynLib로 생성된) Native SymbolInfo 객체로 호출되거나 .package 인자를 사용해야 한다. 자세한 내용은 ?tools::checkFF로 도움말을 참고하라.

Checking line endings in C/C++/Fortran sources/headers.

항상 줄 끝에 LF[1]를 사용하라.

Checking line endings in Makefiles.

위와 같다.

Checking for portable use of $(BLAS_LIBS) and $(LAPACK_LIBS).

여기에서의 오류는 BLAS와 LAPACK 사용의 문제점을 나타낸다.

Checking compiled code.

사용해서는 안 되는 C 함수를 사용하고 있지 않은지 검사한다. 자세한 내용은 126쪽의 '모범 사례' 절을 참고하라.

테스트

R CMD check는 테스트를 실행할 수 있어야 하고(즉, 필요한 모든 의존성을 나열) 모든 테스트가 성공해야 한다.

Checking for unstated dependencies in tests.

테스트에 사용되는 모든 패키지는 의존성에 포함되어야 한다.

Checking tests.

tests/의 각 파일이 실행된다. 7장의 지침을 따른다면 testthat.R이라는 파일이 하나 이상 있어야 한다. R CMD check 출력은 대개 도움이 되지 않으므로 package.Rcheck/tests/testthat.Rout 로그 파일을 살펴봐야 할 수도 있다. devtools::test()로 반복하여 실패한 테스트를 수정하라.

---

1 [옮긴이] Line Feed:'\n'('\x0A')

때로는 devtools::test()로 대화식 테스트를 실행할 때는 통과했지만, R CMD check 에서는 실패하는 문제가 있을 수 있다. 이것은 일반적으로 테스트 환경에 대한 잘못된 가정을 했음을 나타내므로 파악하기 어려운 경우가 많다.

비네트

R CMD check는 비네트의 내용을 명백히 검사할 수는 없지만, 가능한 수준의 코드 검사를 수행한다.

Checking build directory.
> build/는 비네트 빌드를 추적하는 데 사용한다. 우연히 .Rbuildignore가 build/ 디렉터리를 무시하지 않는 한 그 검사가 어떻게 실패할지 확실히 알 수 없다.

Checking installed files from inst/doc.
> 파일을 **inst/doc**에 삽입하지 말라. 즉, 비네트는 이제 **vignettes/**에 있다.

Checking files in vignettes.
> 이 문제는 대개 간단하다. 이미 R에 포함된 파일(예를 들어, **jss.cls**, **jss.bst** 또는 **Sweave.sty**)을 포함했거나, LaTex 편집 파일을 남겨둔 것이다. 이 파일을 삭제하라.

Checking for sizes of PDF files under inst/doc.
> 비네트를 PDF로 만들 때는 tools::compactPDF()를 실행하여 가능한 한 작게 할 수 있다.

Checking for unstated dependencies in vignettes.
> 테스트와 마찬가지로 비네트에서 사용하는 모든 패키지는 **DESCRIPTION**에 나열되어 있어야 한다. 패키지가 비네트로만 사용되고 다른 곳에서는 사용되지 않는다면 Suggests에 나열되어 있는지 확인하라.

Checking package vignettes in inst/doc.
> 모든 소스 비네트(예를 들어, **.Rmd**)가 **inst/doc**에 빌드(즉, .html)되어 있는지를 검사한다. 6장에서 설명한 표준적 과정을 따랐다면 실패하지 않아야 한다. 문제가 있으면 **.Rbuildignore**를 검사하는 것으로 시작하라.

Checking running R code from vignettes.
> 각 비네트의 R 코드가 실행된다. (사용자에게 어떤 실패가 발생하는지 보여주기 위해) 고의적으로 오류를 실행하려면 청크에 error = TRUE, purl = FALSE가 있는지 확인하라.

Checking rebuilding of vignette outputs.

각 비네트는 출력이 입력과 일치하는지 다시 확인하도록 다시 구성된다. 다시 말하지만, 정상적인 상황에서 실패하지 않아야 한다.

비네트를 실행하려면 먼저 패키지가 설치되어야 한다. 즉, check()를 의미한다.

1. 패키지를 빌드한다.

2. 비네트 없이 패키지를 설치한다.

3. 모든 비네트를 빌드한다.

4. 비네트를 포함하여 패키지를 다시 설치한다.

컴파일된 코드가 많으면 다소 느려질 수 있다. 프로젝트 옵션의 'Build Source Packages' 필드에 있는 명령 목록에 --no-build-vignettes를 추가하고자 할 수 있다.

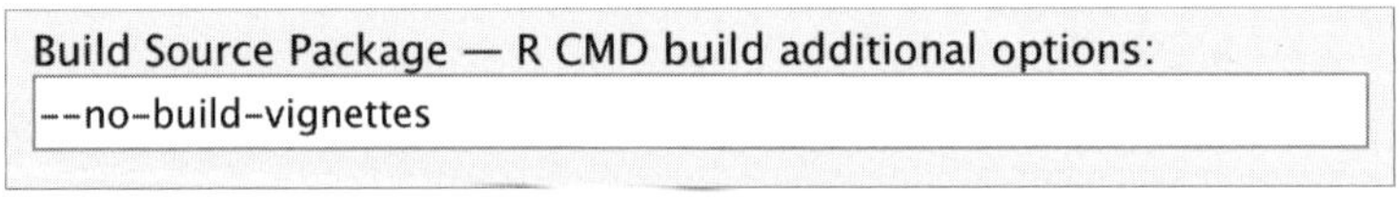

```
Build Source Package — R CMD build additional options:
--no-build-vignettes
```

그림 14-1 **패키지를 빌드할 때 비네트 빌드를 제외하면 시간을 절약할 수 있다. 프로젝트 옵션에서 이 옵션을 확인하라.**

Travis로 모든 커밋 이후 검사하기

13장에 설명한 것과 같이 Git과 GitHub를 사용하고 있다면 Travis(https://travis-ci.org)를 배우는 것이 좋다. Travis는 GitHub에 푸시할 때마다 자동화된 테스트 코드를 실행하는 지속적인 통합 서비스이다. 오픈 소스 프로젝트라면, Travis는 매번 푸시할 때마다 우분투 서버에서 50분의 계산을 무료로 제공한다. R 패키지의 경우 실행하기에 가장 유용한 코드는 devtools::check()이다.

Travis를 사용하려면 다음의 절차를 따른다.

1. devtools::use_travis()를 실행하여 기본 .travis.yml 설정 파일을 설정한다.

2. Travis 계정(https://travis-ci.org/profile)으로 이동하여 테스트하려는 레포에 대해 트래비스를 활성화한다.

3. GitHub에 커밋하고 푸시한다.

4. 이메일로 결과를 확인할 때까지 잠시 기다린다.

이 설정이 적용된 곳에서는 GitHub에 푸시할 때마다, 누군가가 풀 리퀘스트를 제출할 때마다 devtools::check()가 자동으로 실행된다. 실패에 대해 즉시 알게 되어 쉽게 수정할 수 있다. Travis를 사용하면 실패 후 몇 분만에 이를 알게 되므로 새로운 문제로 옮겨 가면서 더 자주 확인할 수 있게 한다.

기본 설정

Travis 설정은 **.travis.yml**이라는 yaml 파일에 저장된다. devtools로 만든 기본 설정은 다음과 같다.

```
language: r
warnings_are_errors: true
sudo: required
```

R은 최근 Travis에서 커뮤니티 지원 언어가 되었으며, http://docs.travis-ci.com/user/languages/r에서 문서화에 대한 설명을 볼 수 있다.

두 가지 특별히 유용한 옵션이 있다.

r_github_packages

GitHub에서 설치할 R 패키지 목록. 이를 통해 의존성의 개발 버전에 대해 테스트할 수 있다.

r_binary_packages

우분투에서 미리 컴파일된 R 패키지 목록. 이를 통해 빌드 시간을 줄일 수 있다. r-cran-lowercasename에 대하여 http://packages.ubuntu.com에서 검색하면 바이너리 패키지 버전을 사용할 수 있는지 확인할 수 있다. 예를 들어, r-cran-xml을 검색하면 XML 패키지의 바이너리 버전을 얻을 수 있음을 알 수 있다.

다른 용도

Travis는 임의의 코드를 실행할 수 있기 때문에 다음과 같이 사용할 수 있는 다른 많은 것들이 있다.

- 소스를 변경할 때마다 책 웹사이트를 다시 게시(이 책처럼!)
- 비네트 빌드와 이의 웹사이트 게시
- 자신의 패키지에 대한 자동화된 문서화 웹사이트의 빌드

이에 대해 더 공부하려면 Travis가 제공하는 개발 옵션(https://docs.travis-ci.com/user/deployment)을 읽어보라.

15

패키지 릴리스

자신의 패키지가 R 커뮤니티에서 관심을 끌고자 한다면 CRAN에 패키지를 제출해야 한다. CRAN에 제출하는 것은 GitHub에 제공하는 것보다 훨씬 큰 작업이지만, CRAN은 검색 가능성, 설치 용이성, 그리고 신뢰성 증명을 제공하므로 대부분의 R 사용자는 GitHub에서 패키지를 설치하지 않는다. CRAN 제출 과정은 실망스러울 수 있지만 가치 있으며, 이 장은 가능한 한 그 어려움을 덜어줄 것이다.

패키지를 릴리스할 준비를 하려면 다음 단계를 따른다.

1. 버전 번호를 선택한다.

2. R CMD check를 실행하고 문서화한다.

3. CRAN 정책에 부합하는지 확인한다.

4. **README.md**와 **NEWS.md**를 업데이트한다.

5. 패키지를 CRAN에 제출한다.

6. 버전 번호를 업데이트하여 다음 버전을 준비한다.

7. 새 버전을 공개한다.

버전 번호

'버전'의 내용을 따르고 있다면 개발 중인 패키지의 버전 번호는 major.minor.patch.dev의 네 가지 구성요소를 가지며, 여기서 dev는 9000 이상이다. 9000이란 번호는 임의적이지만, 이 번호에는 어떤 다른 점이 있다는 강력한 시각적 신호를 제공한다. 릴리스된 패키지는 dev 구성요소가 없으므로 이제 그 요소를 삭제하고 변경 사항을 기반으로 버전 번호를 선정해야 한다. 예를 들어, 현재 버전이 0.8.1.9000이면 다음 CRAN 버전은 0.8.2, 0.9.0 또는 1.0.0 중 어느 것으로 해야 하는가? 다음을 참고하여 결정하라.

패치의 경우, patch를 높임(예를 들어, 0.8.2)
> 중요한 새로운 기능을 추가하지 않고 버그를 수정한 경우이다. 릴리스 이후에 최대한 빨리 수정해야 하는 버그를 발견하면 패치 릴리스를 자주 수행한다. 대부분의 릴리스는 패치 번호가 0이다.

마이너 릴리스의 경우, minor를 높임(예를 들어, 0.9.0)
> 마이너 릴리스는 버그 수정, 새로운 기능, 그리고 이전 버전과의 호환성 변경을 포함할 수 있다. 이것은 가장 일반적인 릴리스 유형이다. 두 사릿수(또는 세 자릿수)를 사용해야 할 정도로 많은 마이너 버전을 갖더라도 전혀 문제되지 않는다(예를 들어, 1.17.0).

메이저 릴리스의 경우, major를 높임(예를 들어, 1.0.0)
> 이전 버전과 호환되지 않으며, 많은 사용자에게 영향을 줄 수 있는 변경 사항에 가장 적합하다. 0.b.c에서 1.0.0으로 가는 것은 일반적으로 패키지가 안정적인 API로 완성된 기능임을 나타낸다.
>
> 실제로 이전 버전과의 호환성은 양자택일의 문제가 아니다. 예를 들어, 코드에서 거의 사용되지 않는 부분에 대해 API와 호환되지 않는 변경을 하면 주요 변경 사항이 적용되지 않을 수 있다. 그러나 많은 사람이 의존하는 API의 버그를 수정하면 API에 큰 변경을 가하는 것처럼 느낄 것이다. 최선의 판단이 필요하다.

이전 버전과의 호환성

메이저 버전과 마이너 버전 간의 가장 큰 차이점은 코드가 이전 버전과 호환되는지 여부이다. 대부분의 사람들이 패키지를 업데이트하는 방법은 update.packages()를 실행하는 것인데, 이것은 코드가 작동하지 않을 수도 있는 메이저 버전이 변경되었더라도 패키지 최신 버전으로 항상 업데이트한다. 더 많은 R 사용자가 프로젝트 기준으로 패키지 버전을 캡처하는 packrat(http://rstudio.github.io/packrat) 같은 도구에 익숙해지고 있지만, 버전 번호를 어떻게 하든지 관계없이 이전 버전과의 호환성이 없는 큰 변경을 할 때는 조심해야 한다.

이전 버전 호환성의 중요성은 패키지를 사용하는 사람의 수에 직접적으로 비례한다. 즉, 자신의 시간과 사용자의 시간을 교환하는 것이다. 이전 버전과의 호환성을 유지하기 위해 노력할수록 새로운 기능을 개발하거나 오래된 실수를 바로잡는 것이 어렵다. 이전 버전의 기능성을 지원하기 위해 여러 방법을 유지할 필요가 있기 때문에, 이전 버전과 호환되는 코드를 읽기가 어려워지는 경향이 있다. 이전 버전과의 호환성을 고려해야 하지만, 스스로를 가로막지는 말라.

이전 버전과 호환되지 않는 변경이라도 해야 하는 충분한 이유가 있다. 설계 실수로 패키지 사용을 더 어렵게 만들었다면 가능한 빨리 수정하는 것이 좋다. 이전 버전과 호환되지 않는 변경이 필요하다면 점진적으로 하는 것이 가장 좋다. 현재와 향후 계획 사이의 임시 버전을 제공하고, 앞으로 변경될 내용에 대한 안내를 제공하라. 변경 중인 항목에 따라 다음 중 하나를 사용하여 사용자에게 앞으로 어떤 변경이 있을지 알리도록 하라.

- 함수를 즉시 제거하지 않는다. 먼저, 사용 중지를 한다. 예를 들어, 패키지 버전이 0.5.0이고 fun()을 제거하려고 한다고 하자. 버전 0.6.0에서는 .Deprecated()를 사용하여 누군가 이 함수를 사용할 때마다 경고 메시지가 표시되도록 한다.

```
# 0.6.0
fun <- function(x, y, z) {
  .Deprecated("sum")
  x + y + z
}

fun(1, 2, 3)
#> Warning: 'fun' is deprecated.
#> Use 'sum' instead.
#> See help("Deprecated")
#> [1] 6
```

그런 다음, 버전 0.7.0이 되면 그 함수를 제거한다(또는 매우 엄격한 경우, 이전 버전과의 호환성이 없기 때문에 1.0.0으로 한다).

- 마찬가지로, 함수 인자를 제거할 때는 먼저 그것에 대해 경고한다.

```
bar <- function(x, y, z) {
  if (!missing(y)) {
    warning("argument y is deprecated; please use z instead.",
```

```
      call. = FALSE)
    z <- y
  }
}

bar(1, 2, 3)
#> Warning: argument y is deprecated; please use z instead.
```

- 많은 코드를 사용 중지하려 할 때는 도우미 함수를 추가하는 것이 유용할 수 있다. 예를 들어, ggplot2에는 버전 번호가 변경된 정도에 따라 메시지, 경고, 또는 오류를 자동으로 표시하는 gg_dep이 있다.

```
gg_dep <- function(version, msg) {
  v <- as.package_version(version)
  cv <- packageVersion("ggplot2")

  # 현재 메이저 버전 번호가 마지막으로 유효했던 버전 번호보다 크거나,
  # 현재 마이너 버전 번호가 마지막으로 유효했던 마이너 버전 번호보다
  # 1 이상 더 클 때 오류 반환
  if (cv[[1,1]] > v[[1,1]]  ||  cv[[1,2]] > v[[1,2]] + 1) {
    stop(msg, " (Defunct; last used in version ", version, ")",
      call. = FALSE)

  # 마이너 번호가 1만큼 다르면 경고 제공
  } else if (cv[[1,2]] > v[[1,2]]) {
    warning(msg, " (Deprecated; last used in version ", version, ")",
      call. = FALSE)

  # 단지, 하위 마이너 번호가 크다면 메시지 제공
  } else if (cv[[1,3]] > v[[1,3]]) {
    message(msg, " (Deprecated; last used in version ", version, ")")
  }

  invisible()
}
```

- 기존 함수에 중요한 변경을 하려면 여러 버전을 점진적으로 변경하는 것을 포함하여 계획이 필요하다. 각 변경 사항에 유익한 오류 메시지가 수반되는 일련의 변형을 시도하고 개발해 보라.

- 새 버전의 다른 패키지에서 기능을 사용하려면 **DESCRIPTION**의 설치-시간 의존성을 어렵게 하지 않는다(사용자가 해당 패키지를 업그레이드하도록 강제하는 것은 다른 코드의 작동을 방해할 수 있다). 대신, 런타임의 버전을 확인한다.

```
if (packageVersion("ggplot2") < "1.0.0") {
  stop("ggplot2 >= 1.0.0 needed for this function.", call. = FALSE)
}
```

이는 의존성 중 하나의 변경 사항에 따르는 경우에도 유용하다. 변경 전후 모두에서 작동하는 버전을 원할 수 있기 때문이다. 이렇게 하면 언제든지 그 다른 패키지의 버전 변경 이전에 먼저 CRAN에 제출할 수 있다. 일부 R CMD check 노트가 생성될 수 있는데, 예를 들어 다음과 같다.

```
if (packageVersion("foo") > "1.0.0") {
  foo::baz()
} else {
  foo::bar()
}
```

baz가 foo 버전 1.0.0에 없으면 foo의 네임스페이스에 존재하지 않는다는 주의를 받는다. CRAN에 제출하는 중 버전의 차이를 해결하려 한다고 설명하라.

제출 과정

수동으로 패키지를 CRAN에 제출하려면 (devtools::build()로) 패키지 번들을 생성한 다음, 그 수행한 과정을 설명하는 주석과 함께 http://cran.r-project.org/submit.html에 업로드한다. 이 절에서는 이러한 주석의 표준 구조를 제공하여 제출을 가능한 한 쉽게 수행하는 방법을 보여준다. 201쪽의 '릴리스' 절에서처럼 나중에 devtools::release()로 패키지를 실제로 제출하는 방법을 알 수 있다.

CRAN에 제출할 때 CRAN에는 자원 봉사자가 배치되어 있는데, 이들 모두는 다른 본업을 가지고 있음을 기억하라. 일반적으로 한 주에는 100개가 넘는 제출이 있고, 단지 세 명의 자원 봉사자가 그 모든 것을 처리한다. 그들이 해야 하는 일을 줄일수록 즐거운 제출 경험을 얻을 가능성이 높다.

제출 주석을 cran-comments.md 파일에 저장하는 것이 좋다. 이 파일은 Git으로 검사되어야 하므로(시간이 지남에 따라 추적할 수 있다) .Rbuildignore에 나열되어야 한다(따라서 패키지에 포함되지 않는다). 그리고 일반 텍스트를 배치하는 표준 방법을 제공하는 Markdown을 사용하는 것이 좋다. 그러나 그 내용이 다른 형식으로 렌더링되지 않으므로 지나치게 충실할 필요는 없다. 다음은 최근 버전의 httr에서 사용한 cran-comments.md 파일이다.

```
## Test environments
* local OS X install, R 3.1.2
* ubuntu 12.04 (on travis-ci), R 3.1.2
* win-builder (devel and release)

## R CMD check results
There were no ERRORs or WARNINGs.

There was 1 NOTE:

* checking dependencies in R code ... NOTE
  Namespace in Imports field not imported from: 'R6'

  R6 is a build-time dependency.

## Downstream dependencies
I have also run R CMD check on downstream dependencies of httr
(https://github.com/wch/checkresults/blob/master/httr/r-release).
All packages that I could install passed except:

* Ecoengine: this appears to be a failure related to config on
  that machine. I couldn't reproduce it locally, and it doesn't
  seem to be related to changes in httr (the same problem exists
  with httr 0.4).
```

이 틀은 쉽게 대충 읽기 쉽고 CRAN 관리자가 확인한 R CMD check 결과와 쉽게 비교해 볼 수 있도록 설계되었다. 이 틀은 세 가지 섹션을 포함한다.

테스트 환경

패키지를 검사한 플랫폼을 설명한다. 항상 맥, Travis-CI, 그리고 Win-Builder의 세 곳에서 검사하는 것이 좋다.

검사 결과

항상 오류나 경고가 없다고 할 수 있어야 한다. 모든 주의 사항은 목록화한다. 각 사항에 대해 R CMD check 메시지와 그것을 괜찮다고 생각하는 이유에 대한 간략한 설명을 포함한다. 주의 사항이 없다면 '오류, 경고, 또는 주의 사항 없음(There were no ERRORs, WARNINGs, or NOTEs)'이라고 한다.

하방 의존성

하방 의존성이 있는 경우는 각 패키지에서 R CMD check를 실행하고 결과를 요약한다. 하방 의존성이 없으면 이 섹션을 유지하면서 '이 패키지에는 현재 하방 의존성이 없음

(There are currently no downstream dependencies for this package)'이라고 한다.

자세한 내용은 아래에서 설명한다.

테스트 환경

패키지를 검사할 때 R의 현재 개발 버전에서 통과해야 하며, 적어도 두 개의 플랫폼에서 작동해야 한다. R CMD check는 계속 발전하고 있으므로 패키지를 최신 개발 버전인 **R-devel**에서 검사하는 것이 좋다. 자신의 컴퓨터에 R-devel을 설치할 수 있다.

- 맥에서는 http://r.research.att.com을 따라 설치한다.
- 윈도우에서는 http://cran.r-project.org/bin/windows/base/rdevel.html을 따라 설치한다.
- 리눅스에서는 소스로 빌드하거나, 더 좋은 방법은 Docker 컨테이너에 대해 공부한 후 https://github.com/rocker-org/rocker의 R-devel 컨테이너를 실행한다.

특히 모든 패키지를 다시 설치해야 하기 때문에 여러 버전의 R을 관리하는 것은 힘든 일이다. 대신, devtools::build_win()로 CRAN 서버에서 R CMD check를 실행할 수 있다. 그러면 패키지를 빌드하고 CRAN win-builder에 그 패키지가 제출된다. 제출 후 약 10~20분에 그 검사 결과를 알려주는 이메일을 받을 수 있다.

CRAN은 윈도우, 맥 OS X, 리눅스, 그리고 솔라리스 같은 여러 플랫폼에서 실행된다. 이런 모든 플랫폼에서 R CMD check를 실행할 필요는 없지만, 최소한 두 가지 이상에서 실행하는 것이 좋다. 이렇게 하면 특정 플랫폼의 고유성에 따르는 코드를 발견할 가능성이 높아진다. 리눅스 또는 맥을 사용한다면, devtools::build_win()을 사용하여 윈도우의 경우를 확인하라. 윈도우를 사용한다면, 186쪽의 'Travis로 모든 커밋 이후 검사하기' 절에서 설명한 대로 Travis를 사용하여 리눅스인 경우의 검사를 실행하라.

자신의 컴퓨터에서는 작동하지만 다른 곳에서는 실패하는 코드를 디버깅하는 것은 고통스러운 일이다. 그런 경우에는 다른 운영체제를 로컬로 실행할 수 있도록 가상화 도구를 설치하거나, 문제를 파악하는 데 도움을 받을 수 있는 친구를 찾아라. 패키지를 제출하지 말고 문제를 파악하는 데 CRAN이 도움을 주기를 기대하라.

검사 결과

R CMD check를 사용하는 방법과 자동화된 검사가 중요한 이유를 이미 학습했다. 로컬에서 R CMD check를 실행하는 것과 비교하여 CRAN 제출을 위해 실행할 때에는 몇 가지 중요한 차이가 있다.

- 모든 ERROR와 WARNING을 수정해야 한다. 오류나 경고가 포함된 패키지는 CRAN에서 수락하지 않는다.

- 가능한 많은 NOTE를 제거하라. 각 노트는 귀중한 자원인 사람의 감독이 필요하다. 중요하다고 생각하지 않는 주의 사항이 있는 경우, 그것들이 문제가 없다고 CRAN을 설득하는 것보다 (수정이 약간 어려울 경우에도) 그 문제를 수정하는 것이 거의 언제나 쉽다. 개별 문제를 해결하는 방법에 대한 자세한 내용은 173쪽의 '검사' 절을 참고하라.

- NOTE가 없다면 패키지 검사에 추가적인 사람의 노력이 필요할 가능성이 적다. 그런 추가적인 사람의 노력은 CRAN 모두에게 많은 시간이 소요되는 것이므로 가능한 경우 최대한 피해야 한다.

- NOTE를 제거할 수 없다면 그것이 이상한 것이라고 생각하는 이유를 **cran-comments.md**에 문서화하라. 그 주석은 훑어보기 쉽고, R CMD check와 쉽게 비교할 수 있어야 한다. 반복된 작업을 하게 될지라도, CRAN 관리자에게 필요한 모든 것을 한곳에서 제공하라.

 패키지를 처음 제출할 때 NOTE가 항상 하나 있다. 이 NOTE는 CRAN에게 이 제출이 새로운 것이므로 추가적인 검사를 해야 함을 상기시킨다. 이것을 제거할 수 없으므로 그저 첫 번째 제출이라고 cran-comments.md에 언급하라.

역의존성

마지막으로, 기존 패키지의 새로운 버전을 릴리스할 때는 하방 의존성(즉, Depends, Imports, Suggests 또는 LinkingTo 필드에 자신의 패키지를 나열하는 모든 패키지)이 계속 작동하는지 확인하는 것은 자신의 책임이다. 여기에 도움을 주기 위해 devtools는 devtools::revdep_check()를 제공한다. 다음과 같은 역할을 수행한다.

1. 설치한 기존 패키지를 훼손하지 않도록 임시 라이브러리를 설정한다.

2. 하방 의존성의 모든 의존성을 설치한다.

3. 각 패키지에 대해 R CMD check를 실행한다.

4. 결과를 하나의 파일로 요약한다.

패키지를 유용한 템플릿으로 설정하기 위해 use_revdep()를 실행하라.

R CMD check에 실패한 패키지가 있다면, CRAN에 자신의 패키지를 제출하기 전에 그 검사에 실패한 패키지의 저자에게 해당 문제를 해결하도록 적어도 2주의 시간을 제공해야 한다 (revdep_maintainers()로 모든 관리자 이메일 주소를 쉽게 얻을 수 있다). 2주가 지나고 나면 검사를 다시 수행하고, 남아있는 모든 오류를 **cran-comments.md**에 나열하라. 각 패키지에는 R CMD check의 탐지 오류(예를 들어, 로컬로 종속성을 설치할 수 없었음) 또는 (관리자가 아직 수정하지 않은) API의 정당한 변경이 있음을 CRAN에 알리는 간략한 설명이 첨부되어야 한다.

'I advised all downstream packages maintainers of these problems two weeks ago.'와 같이 CRAN에게 릴리스 과정에 대한 정보를 제공한다. 다음은 최근 dplyr의 릴리스 사례이다.

```
Important reverse dependency check notes (full details at
https://github.com/wch/checkresults/tree/master/dplyr/r-release);

* COPASutils, freqweights, qdap, simPH: fail for various reasons. All package
  authors were informed of the upcoming release and shown R CMD check issues
  over two weeks ago.

* ggvis: You'll be receiving a submission that fixes these issues very shortly
  from Winston.

* repra, rPref: uses a deprecated function.
```

CRAN 정책

R CMD check가 제공하는 자동화된 검사뿐만 아니라 수동으로 검사해야 하는 CRAN 정책 (https://bit.ly/2ofl2vZ)이 많이 있다. CRAN 관리자는 일반적으로 첫 번째 패키지 제출 시 이를 매우 자세히 검토한다.

다음은 가장 일반적인 문제를 요약한 것이다.

- CRAN이 갖고 있는 유일한 연락처 정보이므로 관리자의 이메일 주소가 안정적이어야 하며, 문제가 있어 연락을 취할 수 없는 경우에는 CRAN에서 패키지를 제거할 것이다. 그러므로 강하게 필터링되어 연락을 받지 못했는지 확인하라.

- **DESCRIPTION**에서 저작권자를 분명히 밝혀야 한다. 외부 소스 코드를 포함한 경우, 라이선스가 호환되는지 확인해야 한다. 자세한 내용은 47쪽의 '라이선스: 패키지를 사용할 수 있는 사람은 누구인가?' 절과 131쪽의 '라이선싱' 절에서 보다 자세한 내용을 참고하라.

- 패키지가 여러 플랫폼에서 작동되도록 '모든 합당한 노력'을 해야 한다. 최소한 두 플랫폼에서 작동하지 않는 패키지는 일반적으로 고려되지 않는다.

- 명시적 사용자 권한 없이 외부적 변경을 하지 말라. 파일 시스템에 쓰거나, 옵션을 변경하거나, 패키지를 설치하거나, R을 종료하거나, 인터넷을 통해 정보를 보내거나, 외부 소프트웨어를 여는 것과 유사한 것들을 하지 말라.

- 업데이트를 너무 자주 제출하지 말라. 이 정책은 1~2개월에 최대 한 번씩 새 버전을 제출할 것을 제안한다.

정책 변경이 있을 때마다 트윗을 하는 CRAN Policy Watch 트위터 계정(https://bit.ly/2CTLNPI)을 팔로우하는 것이 좋다. 정책 변경에 대한 정보를 얻을 수 있는 GitHub 레포(https://bit.ly/2ABvmpN)를 볼 수도 있다.

중요한 파일

이제 패키지를 CRAN에 제출할 준비가 되었다. 그러나 제출하기 전에 패키지가 수행하는 역할을 설명하는 **README.md**와 이전 버전 이후에 변경된 사항을 설명하는 **NEWS.md**라는 두 가지 중요한 파일을 업데이트해야 한다. 이들 파일에 Markdown을 사용하는 것이 좋은데, (예를 들어, 이메일에서와 같은) 일반 텍스트와 (예를 들어, GitHub나 블로그 게시글에서와 같은) HTML 모두에서 읽을 수 있기 때문이다. 기본적인 글쓰기 및 포매팅 관련 문법은 https://bit.ly/2omYdqc에서 찾아볼 수 있다.

README.md

README.md의 목표는 패키지에 대한 다음 질문에 답하는 것이다.

- 왜 사용해야 하는가?
- 어떻게 사용하는가?
- 어떻게 얻는가?

GitHub에서 **README.md**는 HTML로 렌더링되어 레포지토리 홈페이지에 표시된다.

README는 일반적으로 다음과 같이 구성한다.

1. 패키지의 상위 목적을 설명하는 문단
2. 간단한 문제를 해결하기 위해 패키지를 사용하는 방법을 보여주는 예제
3. R에 복사하여 붙여넣을 수 있는 코드를 제공하는 설치 지침
4. 패키지의 주요 구성요소를 설명하는 개요. 더 복잡한 패키지의 경우, 자세한 내용은 비네트를 활용한다.

README.Rmd

README에 예제를 포함하면(좋은 생각이다!), R Markdown으로 그 예제를 생성하고자 할 수 있다. 시작하는 가장 쉬운 방법은 devtools::use_readme_rmd()를 사용하는 것이다. 그러면 **README.Rmd** 템플릿이 만들어져 **.Rbuildignore**에 추가된다. 템플릿은 다음과 같다.

```
---
output: github_document
---

<!-- README.md is generated from README.Rmd. Please edit that file -->

```{r, echo = FALSE}
knitr::opts_chunk$set(
  collapse = TRUE,
  comment = "#>",
  fig.path = "README-"
)
```
```

이것은 다음과 같은 작업을 한다.

- GitHub에 적절한 Markdown을 출력한다.

- README.md가 아니라 README.Rmd를 편집하도록 상기하는 주석을 README.md에 포함한다.

- README-chunkname.png에 이미지를 저장하는 것을 포함하여(자동으로 .Rbuildignore에 나열된다), 권장되는 knitr 옵션을 설정한다.

README.Rmd를 수정할 때마다 다시 구성하는 것을 기억해야 한다. Git을 사용하면 use_readme_rmd()가 자동으로 다음과 같은 '사전 커밋(pre-commit)' 훅(hook)을 추가한다.

```bash
#!/bin/bash
if [[ README.Rmd -nt README.md ]]; then
  echo "README.md is out of date; please re-knit README.Rmd"
  exit 1
fi
```

이렇게 히면 README.md가 README.Rmd보다 최신이 아니며, git commit이 성공하지 못한다. 위양성이 있다면 git commit --no-verify로 검사를 무시할 수 있다. git commit 훅은 레포지토리에 저장되지 않으므로 레포를 복제할 때마다 다시 설정하기 위해 devtools::use_readme_rmd()를 실행해야 한다.

NEWS.md

README.md는 새로운 사용자를 위한 것이다. NEWS.md는 기존 사용자를 위한 것인데, 각 릴리스의 모든 API 변경 사항을 나열해야 한다. 패키지 뉴스에 사용할 수 있는 형식이 여러 가지이지만, NEWS.md를 사용하는 것이 좋다. GitHub에서 지원하고, CRAN에서 허용하며, 그리고 다른 형식으로도 쉽게 사용할 수 있다.

다음과 같이 NEWS.md를 구성한다.

- 각 버전에 최상위 머리말(heading)을 사용한다(예를 들어, # mypackage 1.0). 가장 최신 버전이 맨 위에 있어야 한다.

- 각 변경 사항은 글머리 기호 목록에 포함되어야 한다. 변경 사항이 많으면 부제목(## Major changes, ## Bug fixes, 등)을 사용하여 구분할 수 있다. 패키지를 릴리스하기

전까지는 필요한 경우 섹션으로 재구성할 때 보통 간단한 목록을 사용하는 것이 좋다. 사전에 필요한 섹션을 정확히 알기는 어려운 일이다.

- 어떤 항목이 GitHub의 이슈와 관련이 있다면, 이슈 번호를 괄호 안에 포함하라(예를 들어, (# 10)). 어떤 항목이 풀 리퀘스트와 관련되었다면, 풀 리퀘스트 번호와 저자(예를 들어, (# 101, @hadley))를 포함하라. 이렇게 하면 GitHub의 관련 문제를 쉽게 탐색할 수 있다.

NEWS.md의 주요 과제는 변경을 할 때 그 변경 사항을 지적하는 습관을 들이는 것이다.

릴리스

이제 CRAN에 패키지를 제출할 준비가 되었다. 가장 쉬운 방법은 **devtools::release()**를 실행하는 것이다. 다음과 같은 작업을 수행한다.

- 패키지를 빌드하고 마지막으로 R CMD check를 실행한다.
- 가장 일반적인 모범 사례를 따랐는지 확인하기 위해 많은 예/아니오 응답 형식의 질문을 물어본다.
- 패키지에 내보내지지 않은 release_questions() 함수를 포함하여 검사 과정에 대한 자신만의 질문을 추가할 수 있다. 이 함수는 물어볼 질문의 문자 벡터를 반환해야 한다. 예를 들어, httr의 경우는 다음과 같다.

```
release_questions <- function() {
  c(
    "Have you run all the OAuth demos?",
    "Is inst/cacert.pem up to date?"
  )
}
```

이 함수는 자동화될 수 없는 다른 수동적인 작업을 상기시키는 데 유용하다.

- **cran-comments.md**의 주석을 포함하여 패키지 번들을 CRAN 제출 양식(https://cran.r-project.org/submit.html)에 업로드한다.

이후 몇 분 안에 제출 사실을 알리고 승인을 요청하는 이메일을 받게 될 것이다(이는 관리자 주소가 정확한지 확인하는 것이다). 다음으로, CRAN 관리자는 검사를 실행하고 그 결과를 다시 통보한다. 이 작업은 일반적으로 약 24시간이 걸리지만, 때로는 최대 5일이 소요될 수 있다.

실패한 경우

패키지가 R CMD check를 통과하지 못했거나 CRAN 정책을 위반하는 경우, CRAN 관리자가 이메일로 문제를 설명한다. 실패는 좌절감을 불러일으킬 수 있고, 피드백은 퉁명스럽고 완전히 모욕감을 느낄 수도 있다. CRAN 관리자와 논쟁하는 것은 자신과 그 관리자의 시간 모두를 낭비하는 것이다. 대신, 다음과 같이 하라.

- 숨을 고른다. 거부된 CRAN 패키지가 모든 것의 끝은 아니다. 모든 사람에게 일어나는 일이다. R 코어의 멤버조차도 동일한 과정을 거쳐야 하며, CRAN은 그들과 더 친절한 것도 아니다. CRAN에 의해 수많은 패키지가 거부되며, 기존 패키지에 사소한 문제가 너무 많아 2주 동안 CRAN 제출을 금지당하기도 한다.

- 참지 못하게 화가 날 정도의 피드백을 받았다면, 그에 응답하기 전까지 며칠 정도 진정할 시간을 갖도록 하라. 감정적 공격을 무시하고 기술적인 문제에만 반응하도록 노력하라.

- devtools 문제로 인해 CRAN 관리자가 짜증을 내는 경우에 대해 필자는 진심으로 미안한 마음을 갖고 있다. 자신의 주소와 함께 필자에게 그와 관련되어 받은 메시지를 전달하면 손으로 쓴 사과의 카드를 받을 수 있을 것이다.

토론의 타당성을 매우 강하게 느끼지 않는다면 이메일에 응답하지 말라. 대신, 다음과 같이 한다.

- 식별된 문제를 수정하고 권장된 변경 사항을 적용하라. devtools::check()를 다시 실행하여 실수로 새로운 문제를 유발하지는 않았는지 확인하라.

- cran-comments.md의 맨 위에 'Resubmission' 섹션을 추가하라(이 섹션은 패키지가 다시 제출되었음을 명확히 나타내야 하며, 변경 사항을 나열해야 한다).

```
## Resubmission
This is a resubmission. In this version I have:

* Converted the DESCRIPTION title to title case.

* More clearly identified the copyright holders in the DESCRIPTION
  and LICENSE files.
```

필요하다면 검사 결과와 하방 의존성 섹션을 업데이트하라.

- 모든 release() 질문에 두 번 답하지 않으면서 패키지를 다시 제출하기 위해서 devtools::submit_cran()을 실행하라.

바이너리 빌드

패키지가 CRAN에 의해 승인되고 나면 각 플랫폼에 대해 빌드된다. 이것으로 앞으로 발생 가능한 오류를 발견할 수 있다. 모든 패키지에 대한 모든 검사가 실행될 때까지 48시간을 기다린 다음, 패키지 검사 결과 페이지로 이동하라(그림 15-1).

devtools: Tools to make developing R code easier

Collection of package development tools.

Version:	1.6.1
Depends:	R (≥ 3.0.2)
Imports:	httr (≥ 0.4), RCurl, utils, tools, methods, memoise, whisker, evaluate, digest, rstudioapi, jsonlite
Suggests:	testthat (≥ 0.7), roxygen2 (≥ 4.0.2), BiocInstaller, Rcpp (≥ 0.10.0), MASS, rmarkdown, knitr
Published:	2014-10-07
Author:	Hadley Wickham [aut, cre], Winston Chang [aut], RStudio [cph], R Core team [ctb] (Some namespace and vignette code extracted from base R)
Maintainer:	Hadley Wickham <hadley at rstudio.com>
License:	GPL-2	GPL-3 [expanded from: GPL (≥ 2)]
NeedsCompilation:	yes
Materials:	README
CRAN checks:	devtools results

그림 15-1 패키지 검사 결과를 찾기 위해 그것의 CRAN 페이지로 이동하여 '[packagename] results'를 클릭한다.

이전과 동일한 과정을 따라 문제점을 수정하고 제출하는 패치 릴리스를 준비하라.

다음 버전 준비

패키지가 CRAN에 수락되고 나면 몇 가지 기술적인 작업이 필요하다.

- GitHub를 사용한다면 레포지토리 릴리스 페이지로 가라. 버전 v1.2.3 태그(즉, 'v' 다음에 패키지 버전)로 새로운 릴리스를 생성하라. 관련 **NEWS.md** 섹션의 내용을 복사하여 릴리스 정보에 붙여넣어라.

- Git을 사용하지만 GitHub를 사용하지 않는다면 `git tag -a v1.2.3`으로 릴리스에 태그를 지정하라.

- 개발 버전임을 나타내기 위해서 **DESCRIPTION**의 `Version` 필드에 `.9000` 접미사를 추가하라. **NEWS.md**에 새로운 헤딩을 생성하고 변경 사항을 커밋하라.

패키지 게시

이제 패키지 공개라는 재미있는 부분에 대한 준비가 되었다. 이것은 정말로 중요하다. 존재하는 것을 아는 사람이 없다면 아무도 그 도움이 되는 새로운 패키지를 사용하지 않을 것이다.

릴리스 공지를 작성하는 것으로 시작하라. 이 공지는 패키지가 어떤 기능을 하고, 이 버전에서 새로운 것이 무엇인지 간략히 설명하는 R Markdown 문서이어야 한다(이렇게 하면 이전에 사용해 보지 않은 사람들이 관심을 가져야 할 이유를 이해할 수 있다). NEWS.md의 내용으로 시작하지만, 수정해야 할 필요가 있다. NEWS.md의 목표는 포괄적이지만, 릴리스 공지의 목표는 가장 중요한 변경 사항을 강조하는 것이다. 사람들이 모든 변경 사항을 볼 수 있도록 그 공지의 끝 부분에 전체 릴리스 노트에 대한 링크를 포함하라. 가능하다면 새로운 기능의 예제를 보여주는 것이 좋은데, 새로운 기능을 실제로 볼 수 있다면 그것의 이점을 이해하는 것이 훨씬 쉽기 때문이다.

다음과 같이 공지를 포함할 수 있는 곳은 많다.

- 블로그가 있다면 블로그에 게시한다. 필자는 모든 패키지 릴리스 공지를 RStudio 블로그 (https://blog.rstudio.com)에 게시한다.
- 트위터를 사용하다면 #rstats 해시 태그로 트위터에 트윗한다.
- r-packages 메일링 리스트(https://stat.ethz.ch/mailman/listinfo/r-packages)로 메시지를 보낸다. 이 목록으로 보낸 메시지는 자동으로 R-help 메일링 리스트로 전달된다.

축하한다!

자신의 첫 번째 패키지를 CRAN에 릴리스하였다!

찾아보기